JN173711

すごい！ビジネスモデル

成長企業発掘人
内田雅章
（TOP CONNECT）

はじめに● あなただけに教える、とっておきの話

個人であれ企業であれ、誰にもそれぞれに事業があり本業があります。当たり前ですが、仕事をしている以上、そのために時間を使わなければいけないです。自社の売り上げを増やしたり、社員のモチベーションを上げたり、社外に向けてPR活動をしたり。それだけでなく他の業界の人とも親しくしたいし、さまざまな分野でうまくいっている人たちは、なぜ好調なのか、どういう仕組みでやっているのかとか、誰でもそこを参考にしたいと思っています。

けれどもそういった話を、当事者に面と向かって聴きだす場所は滅多にありません。異業種交流会やパーティーなどで立ち話をする機会はあるでしょうが、決して深い話にはなりません。なぜおたくは業界ですごい業績を上げているの？　とか、何が他社と違うの？　ということを、経営者同士が立食パーティーでお互い語り合うという場面は、ほとんどゼロです。「最近どうですか」、「ボチボチですね」、「あ

まり良くないね」……そんな当たり障りのない表面的な話が大半です。それ以上のツッコミは大人同士の常識でしないのがふつうです。これはどなたも嫌というほど経験されていることでしょう。

たとえば本書の冒頭に登場していただいたアパホテル。どうしてあんなに一人勝ちをしているのか、なぜここだけが凄まじい勢いでどんどん展開できているのか。それには理由があり、工夫があるわけです。「駅から3分以内の立地」という理由だけのはずがありません。誰もが知りたいのは、まさにそこです。

でもその理由や工夫を知るにはどうしたらいいのか。そんなことはどこにも書

いてありません。では、当のアパホテルに聞けばいいではないか、ということになります。しかし誰に聞いたらわかるのでしょうか。ホテルのスタッフに聞いてもわかるわけがありません。だったら本社に行って聞けばいいのでしょうか。本社の誰に聞いて誰が答えてくれるでしょうか？

やはりすべての企業戦略や工夫は、トップが考えるケースが大半です。今回はアパホテルの元谷代表に語っていただいていますが、代表が語らない限り説明が完璧にはなりません。そのほかの誰かが話してもすべて受け売りでしかなく、もしくは自分が担当している業務の内側のことしかしゃべれないはずです。

でも読者は会社のすべてが知りたいでしょう。なぜ人事がうまくいっているのか、なぜ稼働率が高いのか、さらにはもっと大きなビジョンも聞いてみたいわけです。

本書では、そういうことをアパホテルを筆頭に、すごい業績を上げている会社を業種ごとに選び、それぞれのトップに聞いてみました。

本書にご登場いただいた各社の社長と私は、もともとおつきあいがあるので、深いところを突っ込みやすいのです。

「なぜおたくの会社だけがこんなにすごいんですか」、「どうしてそんなに利益を上げられるんですか」ということを、遠慮なくズバッと聴いています。そしてみなさん、極めて率直に核心部分まで話してくださいました。

「笑っていいとも！」のタモリさんや、「徹子の部屋」の黒柳徹子さんではないですが、人は、誰が質問するかで、思わず話してしまう生き物です。そしてそれこそが「へぇー」「そうだったのか！」と、読者が本当に聞きたい部分です。社交辞令や挨拶のようなおざなりな言葉を、お金を払ってまで聞きたいと思う人はいません。

ひょっとしたら、本書の企画は、私だからこそ実現できたのかもしれません（笑）。各社の社長とはもともと仲がいいので、皆さんがどういうことをしゃべりたいか何となく想像できていました。何に力を入れていて、何を工夫しているか。ですからその部分に対しての質問を投げかければ、皆さん、「そうそう、そこなんだよ」と言わんばかりに、積極的に話してくださいました。

それは本書を読んでいただければわかります。掲載させていただいた11人の方が活躍する業界に関して、今まで見たことがない、聞いたことがないような話題が満載のはずです。正直なところ、このような情報でなければ、書籍として皆さんにお金を払っていただくわけにはいかないと思っています。

そもそも本書を企画した理由は、私の周りで成果を出しているすごい会社のビジネスの仕組み、人の育て方、考え方、会社を立ち上げた経緯、もしくは会社が劇的に変わった転換期……そのすべてをストレートに質問させてもらうことによって、これを読んでくださる方が、うちの会社でもここは真似しよう、ここは参考にしようと考えていただけるきっかけになったらいいなという気持ちがあったからです。

話を聞き終えて、「何となく知っていた」こともありましたが、「私ですら半分も知らなかった」ということもあり、とても刺激的なインタビューでした。

またこの本には、ひとつ大きな特徴があります。今までに出版された無数のビジネス書の中で、**類書にはない斬新な企画が入っているという点**です。どんなビジネス書もなし得ていない企画が、本書を際立つ存在にしています。

それは、本書にご登場いただいた10社すべての社長から特典をいただいていることです。

その中身は、どれも各社の個性がキラリと光るご自慢の商品やサービスです。本書を読んで多くの〝気付き〟を得ていただくと同時に、個性豊かなプレゼントもお楽しみください。

私は今後、この企画をシリーズ化しようと構想しています。

「買うだけで得をする。読めばもっと得をする」——読書離れが進んでいる世の中に対して、正攻法ではなく、あえて逆説の発想で勝負を挑もうと思っています。もしかしてこんなゲリラ戦法こそ、低迷する出版業界に活を入れ、元気を取り戻すきっかけになるのではないかという壮大な夢を抱いています。

私の挑戦をどうぞ楽しみにしていてください。読者の皆さんの期待は、決して裏切りません。

TOP CONNECT株式会社 CEO 内田雅章

すごい！ビジネスモデル　もくじ

アパグループ代表
CEO Toshio MOTOYA

元谷 外志雄

PROFILE

アパグループ

APA GROUP

事業内容：**都市開発（マンション、ホテル、テナントビル、アーバン・リゾート）事業。総合建設（企画、設計、建設）事業。総合不動産（開発、売買、仲介、賃貸、鑑定）事業。ホテル・チェーン、レストラン・チェーン、レジャー産業運営事業。総合金融業**

設　立：**1971年5月**

資本金：**9億4000万円**

グループ会社：**アパホールディングス(株)、アパホテル(株)、アパ(株)、アパホーム(株)、アパマンション(株)、アパ住宅(株)、アパサービス(株)、アパグループ(株)、アパ総研(株)、アパコミュニティ(株)、日本開発ファイナンス(株)、アパレント(株)、アパリゾート(株)、(株)ホテルグリーン・ドゥ、MITコーポレーション(株)、日本ホテルマネジメント(株)、北日本ホテルマネジメント(株)、APA HOTEL INTERNATIONAL Inc.、APA HOTEL CANADA Inc.、Coast Hotels LIMITED.**

所在地：〒107-0052 東京都港区赤坂 3-2-3
アパ赤坂見附ビル 2Ｆ

E-Mail：apahotel@apa.co.jp

ＨＰ：**https://www.apa.co.jp**

元谷外志雄：石川県小松市生まれ。
1971年、注文住宅販売会社・信金開発株式会社を設立。類まれな経営手腕で経営拡大を続け、日本を代表するホテル・住環境企業、アパグループをつくり上げた。

起業から30年で日本を代表する巨大ホテルグループを築き上げた経営手腕

日本のホテル業界で今、最も勢いがあるのがアパグループだ。

2017年6月現在、428のホテルを展開。1300万人を超える会員数を背景に、客室稼働率87・5パーセント（全体・平成28年度）を誇る。ホテル業界誌の調査によれば、全国の平均客室稼働率は約77パーセントだからこれは驚くべき数値だ。いかに顧客から熱い支持を受けているかがわかる。

当然、業績も急伸。この追い風に乗って強気の出店攻勢をかけている。2012年からの5年間で国内70以上、昨年1年間だけで17という驚異的なペースでホテルを建設。2020年3月までに客室数10万室達成を目標に掲げている。これが実現すれば、質と量を兼ね備えた日本でナンバー1のホテルグループと呼ばれるようになる。

この驚くべき成長を生んだのは、代表である元谷外志雄氏の緻密な戦略に基づいた経営手法と常識にとらわれないビジネスモデルの構築にある。

内田　元谷代表が起業されたのは1971年ですが、ホテル事業に参入したのは1984年。わずか30年ほどで日本有数のホテルグループを築いた経営手腕には目を見張るばかりです。まずは、その成長の軌跡をお聞かせください。

元谷　父は事業家だったのですが、病気がちで私が中学2年のときに亡くなってしまったのです。父のことを尊敬していましたし、少なからず影響も受けていたので、その遺志を継いで事業家になろうと決意しました。そのためには金融の知識が必要であると考え、一刻も早く社会に出て金融のメカニズムを学んだほうがいいと大学は慶應義塾大学経済学部通信教育部で金融の理論を学ぶとともに、高校卒業後に地元石川県の金融機関である小松信用金庫に入りました。

内田　信用金庫を選ばれたのは？

元谷　いうまでもありませんが、信用金庫は地域が限定される金融機関であり、さまざまな会社に融資をしています。取引のある会社の財務内容はもちろん、職場の様子、社員の待遇などを知り得る立場にある。また、社会の動向によって業績を伸ばす業種もあれば、苦戦を強いられる業種があるといったことも学べるわけです。

内田　仕事を通じて業種の特性や企業経営のあり方が勉強できることは、大学で金融の理論を学ぶ学問よりもより実戦的ですね。

3 成功するのは、人の幸せに手を貸しながら利益が出せる事業

元谷 そうして数多くの業種や会社を観察した結果、選んだのが住宅産業でした。

内田 住宅産業のどのような点に魅力を感じたのですか。

元谷 3点あります。第一が人の幸せに手を貸しながら利益が出せる事業であること。これは私がビジネスを考えるうえでの大原則なのですが、儲かりさえすればいいという考えでは事業は成功しません。お客さんが幸せになり、会社側も適正利益を上げて納税の義務を果たす、このことを事業にするのが重要なのです。

内田 買った側が幸せになれば会社の評判も良くなる。お客さんがお客さんを呼ぶ好循環が生まれる。当たり前ではありますが、事業を成長させていくには欠かせない要素ですね。

元谷 家というのは人に幸せを与えるものです。自分の家をもつ、家を新しくするというのは誰もが抱く夢であり、その人が頑張った結果、手に入れることができる。そこには家族の幸せも将来の展望も含まれますしね。

内田　まさに人の幸せに手を貸す事業。

元谷　そういう仕事はやっていても気分がいいじゃないですか。そして第二の理由は市場規模が無限大であること。いつの時代も家は必要なもので、人の努力の目標物であり、一軒の家をもった人はもっと大きな家を、もう一軒の家をと努力するのです。第三は商品の単価が最大級であることです。客単価の大きいビジネスに携われることはその人の誇りになります。ビジネスを軌道に乗せれば、大きな売上や利益が期待できる業種だからです。

3 必勝の戦略を用意したうえでの起業

内田　元谷代表は小松信用金庫に9年勤めた後、退職し、会社を立ち上げられました。独立はスムーズにいったのですか。

元谷　実は退職する直前まで、私は労働組合の執行委員長をやっていたのです。当時、大蔵省は金融機関の経営の効率性を高める目的から合併を推進していましてね。私がいた小松信金を含め石川県南部の3つの信用金庫が合併する話が持ち上がりました。それにイエス、ノーを言える立場に私はあったのです。

内田　27歳でそれほどの発言力をもっていたんですか！

元谷　だって、従業員の待遇改善を要求する労働組合のトップですよ。ましてや合併では会社同士の主導権争いなどがつきものですから、小松信金の従業員が不利にならないような条件を出し、それをのんでくれたら合併を支援すると言ったのです。そうした置き土産をしたうえでの独立でしたから円満退職でした。

内田　頼もしい労組委員長だったのですね。従業員からは感謝されたでしょう？

元谷　信用金庫のトップも独立を応援してくれました。27歳の若造が新たに起こす会社です。世間の信用を得るには信用金庫の関係会社という装いが必要なわけで、それを頼んだところ、資本金のうち私が60パーセント、残りの40パーセントを信金側が名義株で出資してくれることになり、社名を『信金開発』にすることにも了解を取り付けました。また、合併を進めるために大蔵省から小松信金に来ていた人に会長になってもらいました。実はこれらも合併を了承するときの条件として出していたのですが(笑)。

内田　代表の交渉力、お見事としかいえません(笑)。

元谷　ただ、信金の関係会社という体裁はあるに越したことはないけれども、事業の成功に結びつくわけではありません。それとは別に、私は住宅産業を始めるうえで必勝の戦略を用意していました。

内田　必勝の戦略とは？

元谷　長期の住宅ローンです。今では当たり前になっていますが、私が事業を始めた1971年当時、日本には長期住宅ローン制度がなかったのです。あったのは最長で7年、それも元金均等返済でした。庶民が家を建てるには、物件価格の半額くらいを貯金して、残りの半額をローンで払う形をとるしかなかったのです。しかも元金均等返済は徐々に返済額は少なくなっていきますが、当初の負担は重いわけです。

「10万円で家が建つ」のキャッチフレーズにお客が殺到

内田　早いうちから家をもつ計画を立てて、コツコツとお金を貯めた人でなければ家は建てられなかった。

元谷　そう。多くの人にとって家を建てるのは遠い目標だったのです。そこで私が考えたのが、15年の元利均等返済による長期住宅ローンでした。返済期間が7年だったのが15年に伸びれば当然、月々の返済額は少なくなります。また、初めの頃の返済額が少なくて済み、返済額が変わらない元利均等なら返済計画も立てやすくなる。当時は元利均等という返済の考え方さえありませんでしたから、大変驚かれたものです。そして、宣伝でうたったキャッチフレーズが「10万円で家が建つ」。

内田　なんとインパクトのあるコピー。話題になったでしょう。

元谷　話題になっただけでなく、お客さんが押し寄せました。創業時で資金が少なかったため、手がけたのはお客さんが所有している土地に家を建てる注文住宅。土地を含めた住宅よりは安いとはいえ高価な買い物です。それが手持ち資金が10万円しかなくても定期収入があれば現実に買えるわけです。評判が評判を呼び、お客様がたくさんやってきてくれました。

内田　しかし、15年の長期住宅ローンにしても、元利均等の返済にしても、それまで世の中に存在しなかったわけですよね。そうした仕組みを創り出し、ビジネスに結びつけて成功を導いてしまう元谷代表の発想力と実行力には改めて驚かされます。

3 信用を勝ち取るために納税義務を果たす

内田　必勝の戦略によって、事業は順調にスタートしたということですが、創業1年目から黒字だったのですか。

元谷　1年目は少しの黒字でした。2年目には個人も法人も高額納税者番付に名前が載りましたから。創業して今年で46年になりますが、これまで高額納税者番付に載らなかった年は一度もありません。昨年の連結決算では経常利益338億円と多分、ホテル業界では日本一でしょう。

内田　すごすぎて言葉もありません（笑）。

元谷　当たり前のことですが、会社を成長に導くには納税義務を果たすことが大切なのです。金融機関がいちばん信用するのは高額の納税を行っている会社です。事業が好調で利益が出ている健全企業の証しですからね。当然、そういう会社は金融機関から容易に融資が受けられる。その借り入れが、事業の拡大に結びつくわけです。加えて高額納税は社会貢献であり国家のためにもなる。それを実行している会社の信用はさらに高まるわけです。

内田　信用を勝ち取るために税金を払う。税金を払いたがらない経営者は多いですが、それは大間違いだということですね（笑）。

元谷　自分のこと、目先のことしか考えていない証拠で、そういう人が経営する会社に成長はありません。とにかく私は起業したときから、一度の赤字もひとりのリストラもしたことはなく、適正利益を上げて、しっかりと納税義務を果たしてきました。

内田　注文住宅で成功を収めた後は、どのような事業展開を?

元谷　注文住宅はお客さんの土地の上に要望に合わせた設計・施工を個別にするわけで効率が良くありません。それで設計・施工を効率化できる建売住宅の事業を始めました。注文住宅の事業の成功によって資金的余裕も出てきましたし、信用を築いたことで融資も受けやすくなったので土地を購入して宅地に造成して、2階建ての住宅を建てて売り出したわけです。この建売住

宅もよく売れました。

内田　このときも長期住宅ローンが利用できるというのが、大きなアドバンテージになったわけですね。

3 経営効率を重視した事業拡大

元谷　建売住宅に続いて手がけたのは賃貸マンションの事業です。土地を有効利用するには高層の集合住宅のほうがいいわけですから。賃貸で提供するマンションは住宅金融公庫からの融資で建てました。金利が5・5パーセントと当時としては画期的なほど安く、しかも35年の長期返済。その有利さに加えて、会社所有の賃貸マンションを建てると償却赤字をとることができる。建売住宅で利益を出す一方で、賃貸マンションで赤字を出してこれを損益通算することで節税を果たし、資産を拡大していったのです。

内田　この頃からすでに節税も考えるようになられていたのですね。

元谷　私は会社を経営するに当たって、「企業成長三段階論」というのを考えていました。第一段階は利益を出し、しっかりと納税する信用累積型経営をやる。第二段階は増えてきた資産を背景に資金を借りて、資産と借入金を増やしながら事業を拡大していく積極事業拡大経営。そして第三段階は償却と税引後の利益によって資産を拡大していく自己増殖型経営、というものです。

内田　会社を成長させていく方法論も戦略的だったわけですね。しかも、お考えどおりに段階を経て事業と資産の拡大を実現させてしまった。

元谷　ホテル経営に乗り出したのも、その考え方に基づいているのです。その後、賃貸マンションを販売する分譲マンション事業を手がけまして、出てきた利益を償却の対象に資産として所有する、ホテルの事業を拡大してきました。これもまた損益通算で節税を果たしてくれるのです。

アメリカで学んだ世界基準の地価のとらえ方

内田　元谷代表がホテル経営に乗り出したのは1984年。日本経済も右肩上がりが続いていた時期です。手がけられたホテル事業はその後も順調に事業拡大を続け、今日までこられました。ただ、1990年代初頭にはバブル崩壊があった。株価は暴落し、金融機関をはじめ多くの企業が苦しみました。とくに不動産関連業界は地価下落の影響をもろに受けて、存亡の危機に陥った企業が続出しました。しかし、アパグループはバブル崩壊の痛手をほとんど受けていないとうかがっています。なぜ、そのようなことが可能だったのですか。

元谷 それを説明するには、あるエピソードを語る必要があります。私にはユダヤ系アメリカ人の友人がいましてね。建てたビルを政府の機関などに貸して利益を得ているデベロッパーです。その友人に共同出資でビジネスをやらないかと誘われまして、1984年にアメリカに行ったのです。

彼が提案してきたのは、レバレッジをかけた証券化による不動産ビジネスでした。出資者は物件購入価格の20パーセントを負担するだけで、残りは金融機関などからの借り入れで賄う。物件が利益が出ればレバがかかって利益が拡大して頭金投資利回りが増えてくる。もしうまくいかなければ損失はノンリユースローンでの出資金だけで済むという米国流のリスクの少ないビジネスです。最終的にはその案件には参画しなかったのですが、彼と話をしていて興味深かったのは、土地の価格における考え方の日米の違いでした。日本では、その頃はまだ日が経てば地価は上がっていくものとの土地神話が常識だったのです。しかし、アメリカは違った。収益還元法という考え方をとっていて、その土地がどれだけの収益を生むかで価値が変わる。収益がなければ地価は下がるものであって、「地価は上がり続けるものだと信じ込んでいる日本人はおかしい」と彼から言われたのです。

実は私もそのひとりで、「日本の土地は希少価値があるから、下がらないんだ」と答えたことを覚えています。それから3年が経ち、1987年の10月、ブラックマンデーによる世界的な株価の暴落が起こり、日本も影響を受けて株価が大幅に下落した。そのとき、ユダヤ系アメリカ人の友人から言われた言葉を思い出したのです。日本は高度経済成長の波に乗って株価が上がり、それに伴うように地価も上がった。株価と地価が連動しているのなら株価が下がれば地価も下がるに違いない。日本の地価も収益還元法に収斂されるときがついに来たか、と直感したのです。

バブル崩壊を直感し、危機を回避

内田 友人の方が語った世界基準の地価の考え方に日本も飲みこまれると思われた。

元谷 そうです。それで、ブラックマンデー以降は、土地は一切買うな、むしろタイミングを見て売れるときに売れ、という方針を打ち出しました。ただ、日本はその後もしばらくバブル景気が続きまして地価は上がり続けたわけです。その頃は周囲から、ずいぶん言われたものです。もっと持っていたら上がったのに惜しいことをしたね、と（笑）。

内田　そういうことを言っていた人たちがバブル崩壊で痛手を受けたわけですね。結果的に代表の判断は大正解だった。

元谷　ブラックマンデー以降、地価が上がったのは、日本全体に〝地価は上がるものだ〟という昔からの思い込みがあったからでしょうね。しかし、思い込みなど実体経済には通用しないということです。

内田　私がすごいと思うのは、アメリカの友人の方との会話をしっかりと咀嚼吸収し、その知識が必要になるときに判断材料として取り出して生かされたことです。多くの人は、そんな会話をしたことさえ忘れてしまいますよ。

元谷　まあ、ユダヤの知恵は偉大だ、ということにしておきましょう（笑）。なお、余談ですが、その友人とビジネスの交渉をしたことは別の形での資産形成に役立ちました。建売住宅事業からの譲渡益を賃貸マンションからの償却赤字と損益通算による節税が、事業が分譲マンションにシフトした時期は償却赤字の対象となる賃貸マンションも一棟売りとして売却してなくなってしまい、何か良い節税策がないかと探していたのですが、彼が提案したレバレッジド・リースによる旅客機の購入・運用が最適であることに気づいたのです。旅客機のリースは最初の6年は大赤字で、7年目から特別利益がでてくる。その6年間の償却赤字と早めに売った土地と一棟で売った賃貸マンションのバブルの利益を損益通算しようと、ジャンボジェットとエアバスの2機を購入しました。

内田　旅客機を買ったんですか！

元谷　資産形成のためにレバレッジド・リースで旅客機を買う人は結構いるんです。ただ、当初の赤字に耐えられなくて償却のすべてをしないで撤退するケースが多い。私のように全部償却しきって、その後の特別利益の恩恵も得た人は少ないでしょうね。

内田　代表の話はスケールが大きすぎます（笑）。

高品質と高機能を兼ね備えた「新都市型ホテル」を創造

内田　ともあれ代表の的確な判断でバブル崩壊をものともせず乗り切った。それどころか、失われた20年ともいわれるその後の景気低迷期に経営規模の拡大を続け、現在では日本有数のホテルグループに成長させてしまいました。アパホテルネットワークとして運営されているホテル数が提携ホテルを含めると428ホテル、約7万室（建築、設計中、海外、FC、パートナーホテル含む）という数字にも驚きますが、とくに私がすごいと思うのは、1300万人を超える会員、つまり累積会員数です。外国人の会員もいるでしょうから正確ではないかもしれませんが、日本人の10人に1人が顧客という計算になります。

元谷　会員は今も順調に増えています。

内田　代表ご自身は、アパホテルがこれほどまでの支持を集めている要因を、どう分析されていますか。

元谷　私が創り出したのは「新都市型ホテル」という新しいホテル形態です。それを求めていたお客さんが現実にたくさんいたということでしょうね。

内田　新しいホテル形態とは。

元谷　ホテルというのは、もともと貴族が旅をするとき、お互いの貴族の館を提供してもてなすことから生まれた宿泊施設で、住んでいるお屋敷と同様の広いスペースに高級な調度品が揃った客室が用意されている。そしてチェックインした後はボーイが案内しますよね。「お荷物をお持ちします」と言ってルームキーを持って。あれは召使いを代行しているわけです。ホテル業界は、そうしたサービスを提供するのがスタンダードだと思っていて、都市ホテルなどにもその考え方が引き継がれています。しかし今の時代、そのような過度なサービスを求めている人はほとんどいません。最も大事なのはプライバシーと時間です。アパのほとんどのホテルは駅から3分以内の立地です。ボーイが部屋までついて来るなんてことは余計なサービスなんです。

内田　むしろ、放っておいてくれたほうがうれしい、と。

元谷　そうしたスタンダードなホテルの対極にはビジネスユースに特化したビジネスホテルがあります。アクセスが良くて宿泊代が安いという機能性を追求した宿泊施設です。この形態で利益を出すにはコストを切り詰めなければなりませんから、品質には目をつぶることになります。

内田　寝られればいい空間、ということですね。

元谷　しかし、実用的機能だけではお客さんは満足感を得られません。そこで私はこう考えたのです。都市ホテルがもつ品質で泊まることに誇りをもてることと、時間を大事にするビジネスマンにスピーディーなチェックイン、チェックアウト対応をする機能性を併せもつホテルを求めている人が実はかなりいるのではないか、と。そういうホテルなら、アッパーレベルのお客さんにとっても利用の対象になりますし、出張のビジネスマンにしても「課長に昇進したから、もう少しグレードの高いホテルに泊まりたい」というニーズに応えられるわけです。

内田　確かに品質と機能を兼ね備えたホテルは、あまりありませんでした。私も仕事でさまざまなホテルを利用してきましたが、アパホテルは雰囲気が違いますよね。エントランスに入ったときからグレードの高さが感じられて「今日はここに泊まるんだ」とワクワクします（笑）。

3 人が満足感を得るポイントをつかむ目

元谷　ビジネスユースであっても、そのような満足感は欠かせないものなのです。加えて高品質と高機能を両立させることで客室稼働率を上げられるとも考えました。ホテルは週末には満室になるけれども、平日に空室が出るのは仕方がないと思われていた。しかし、高機能を付加することでビジネスユースのお客さんが利用して平日も埋まるだろうと。この狙いは当たりました。現在ではアパホテルの全国年間客室稼働率は87・5パーセント、東京都内に限れば、ほぼ100パーセントです。
内田　100パーセントというのはすごい。ホテル経営者にとっては夢のようなことだと思うのですが、代表はそれを現実のものにしてしまったわけですね。
元谷　アパホテルの欠点として客室の狭さが指摘されることがありますが、これも考えがあってのことなんです。出張で宿泊するビジネスマンの行動パターンを考えてみてください。チェックインして部屋に荷物を置いたら商談なり食事なりに出かけて、戻ったら風呂に入ってテレビを見て寝るくらいでしょう。それで、朝食がおいしければ満足です。考えると広いスペースは必要ない。ウチのホテルには大画面のテレビと広いベッドを設置してあるのが特徴ですが、それがあれば充分なのです。
内田　リラックスしてテレビが見られて快適な睡眠が得られれば、お客さんは大満足ですよね。
元谷　それともうひとつ私が客室に取り入れたのは事務所並みの明るさをもつＬＥＤの照明です。総じてホテルの照明は暗いでしょう。仕事の資料や観光パンフレットを見たり、本を読むにはスタンド照明があるデスクに行かなければならない。しかし、部屋全体が明るければ、ベッドに資料を拡げて寝転がりながら見ることができるわけです。

内田　部屋に1人でいるときくらいは、リラックスしたいですよね。

元谷　機能性においても一歩先を行っています。部屋で携帯の充電ができるのは当たり前ですが、ウチではUSBの充電器もいち早く設置しました。そうした機器や照明、エアコンなどのスイッチは寝ながら操作できる位置に集めるといった工夫もしています。部屋でグータラしながら翌日の仕事の準備をし、眠くなったらサッと寝られるというわけです。

内田　まさにユーザー目線で使いやすさを追求した細やかな配慮。そんなところも顧客からの圧倒的な支持につながっているのかもしれませんね。

環境対応はコスト削減にもつながる

元谷　さらに加えれば、ウチは環境対応型ホテルでもあります。CO_2の排出量が一般の都市ホテルの約3分の1なのです。それを達成できたのは部屋を必要以上に広くしていないから。エアコンで快適な室温にするのに短時間で済むわけです。また、給湯システムにも工夫が施してあります。お風呂にお湯をためている間、テレビに見入ったり、ついウトウトして忘れてしまうことがありますよね。

内田　私もやったことがあります（笑）。

元谷　それを防ぐために、ウチのホテルでは一定時間お湯を出し続けると自動的に止まるようになっている。そうした小さな積み重ねがCO_2の削減につながっているんです。

内田　CO_2だけではなく、水の節約にもつながる。環境問題に対する関心が高くなっている今、環境にやさしいホテルというのも大きなアピールポイントになるわけだ。

元谷　CO_2削減は燃料などのエネルギーを大切に使うことであり社会貢献になります。同時にウチにとってはコスト削減になって利益につながるわけですよ。また、お客さんにとっての快適性を損ねるわけでもなく、満足感も得ていただける。これは誰にとっても良いことじゃないですか。

内田　すべてがメリットを享受できるわけだ。アパホテルは利益率が30パーセントを超えているとお聞きしましたが、そうしたさまざまな配慮が高い利益率を支えているということですね。

元谷　これまでになかった新都市型ホテルをつくり、その市場を掘り起こすとともに、キャッシュバックの特典がある会員制度を作ったことも、アパホテルが支持を得た大きな要因になっているといえます。公式サイトからのネット予約の方が対象ではありますが、宿泊料金の10パーセントの額に相当するポイントをつけるサービスをしているんです。数あるホテルからアパホテルを選んでくれたことに対する感謝を込めてね。お客さんはそのポイントを現金に還元することができますし、カタログギフトと交換することもできる。

内田　なるほど。出張費は会社の経費として処理されるから自分の懐は痛まない。そのうえで宿泊費の10パーセント分が現金で手に入るというのはうれしいですよね。泊まることでご褒美が貰えるようなものだから、誰だってリピーターになるわけだ。会員がすごい勢いで増え続けている理由がわかりました。

3 社員が誇りをもって働ける環境づくり

内田　ホテルは接客を含め人材教育が難しいといわれますが、その辺はどのように対応されているのですか。

元谷　ウチでも研修を行い、一定レベルの接客術は身につけてもらっていますが、ホテル業界では当たり前と思われているような厳密な接客は求めていません。さっき貴族の召使いの話をしましたが、そのようなひたすら低姿勢かつ過剰なサービスはもう古いのです。私はそれよりも社員に誇りをもって仕事をしてもらうことが大事だと思っています。アパホテルの社員であることの誇りがもてれば、満室になるまでお客さんに来てもらいたいと思う。そのためにはどうしたらいいかを考える。そうすることで、おのずとお客さんへの対応が良くなり、どのようなサービスをしたら喜んでもらえるか知恵をしぼることにつながるのです。

内田　上から「こうしなさい」という型にはめる指導をするのではなく、仕事に誇りがもてる環境をつくる。そこから生まれた自主性がより良い接客につながるということですね。

元谷　そういう育成をしているせいか、ウチは出世が早いんです。入社6年目で支配人や地域統括部長になる社員がいますから。

内田　二十代で管理職ですか。若くても能力を信じて仕事を任せる。社員も、その期待に応えようと頑張り、それが昇格という結果として現れる、という良いサイクルができているわけだ。

元谷　そういう点が評価されているのか、入社を希望する学生が増えていましてね。

昨年度の新卒募集には1万を超える応募がありました。220人採用したのですが、そのうちの40パーセント近くが英語対応可能です。優秀な人材が確保できてうれしい限りです。

年間10以上のペースでホテルを建設

内田 実際、今のアパグループは日本で最も勢いのある会社だと思います。なにしろアパホテルがすさまじい勢いで増えている。2016年だけで17ホテル、この5年間だけを見ても国内70以上のホテルが新規オープンしました。これほどまでに急激な事業拡大をしている会社はこれまでなかったんじゃないでしょうか。

元谷 バブル崩壊後、10年以上日本経済は低迷しました。それが少し持ち直してきた2008年、今度はリーマンショックで株価が暴落し、日本はまたシュンとしてしまった。しかし、地価は下がりましたし、世間が身をすくめて守りに入ったこの時期こそ攻め時だと私はとらえ、それまで以上のペースでの事業拡大を始めたのです。

内田 それが、代表が掲げたアパの頂上戦略ですね。

元谷 2010年からの5年間で、まず都心3区（千代田区、港区、中央区）でトップ（客室数・宿泊客数）を取ろうと目標を立てて達成しました。一点突破を成し遂げたから次は全面展開だということで、全国の主要都市、主要ポイントにホテルを作る段階に入った。2015年からは第二次頂上戦略としてそれを続け、2020年までには客室10万室達成を目指しています。

3 常識を超えなければ新たな価値は生み出せない

内田　誰もが守りに入っているときに攻めに出る。ピンチはチャンスだとよくいいますが、実際にできる人はあまりいません。ところが、元谷代表はそれを実行し、大きな成果に結びつけている。常識を超えていますね。

元谷　常識にとらわれていたのでは、新たな価値を創り出すことも事業を大成功させることもできませんよ。ホテル経営を例に挙げましょう。ホテル事業を始めるとすると、多くの人は業界で当たり前とされているサービスや経営手法を学んだり、その道の専門家に話を聞いたりするわけです。しかし、そうしたホテルサイドの常識的サービスに、お客さんが満足しているとは限らない。また、評判が良いとされるサービスも独自に行うから価値があるのであって、真似した時点ですでに陳腐化しているんです。つまり同業から学ぶことはほとんど参考にならない。私の場合は、多くの業種を観察します。そうすると、ホテルに生かせるものが見つかるわけです。アパホテルの客室にしても、〝限られた空間を快適に過ごす〟ということを考えて、メルセデスベンツなどの高級車の内装や機能性をヒントにしています。また、予約システムは航空会社を参考にしました。航空会社はいち早くネット予約を始めましたし、スピーディでロスの少ないシステムを構築していましたからね。

内田 異業種に宝の山があるということですね。しかし、幅広い目配りと柔軟な発想がなければ、取り入れるのは難しいのではないですか。

3 潜在的欲求を探り当て、満たす

元谷 自分ではそう難しいことをしているつもりはないんですけどね。人間には潜在的欲求というのがあるわけですよ。今の出来上がったシステムをなんとなく受け入れているけど、なんか違う。〝こうだったらいいのに〟という。ホテルでいえば、スタンダードホテルに泊まっている人は、「こんなに広い部屋じゃなくていいのにな」とか「このサービス、過剰なんだよな」とか。

内田　一方、ビジネスホテルの利用者のなかには「この部屋、味気ないな、もう少し高級感のあるホテルに泊まりたい」と思っている人がいますよね。

元谷　そういう潜在的欲求がある。それを満たすことによってニーズを掘り起こすことができるわけです。いわば本音ですね。私はそうした人の本音を探り出すことに長けているのかもしれません。

内田　そういえば、代表が会社創業時に長期住宅ローンを考え、「10万円で家が建つ」というコピーで家を売りまくったのも、アパホテルにビジネスマンの行動パターンに合わせた機能を備えて支持を得ているのも、本音の部分を見事に衝いているからですよね。ただ、そのような人間の心理を読んだ細かな配慮をされる一方で、経済の流れを的確に読み、常人では考えられないような莫大な投資も断行してしまう。正直言って、どういう頭脳構造をしているのか、わからなくなります（笑）。

元谷　雑学好きというか、知的好奇心が強いのだと思います。それは多分に父親の影響があるでしょう。父親のことを思い出すと、目に浮かぶのが新聞を読んでいる姿。隅から隅まで読むわけです。それに感化されて私も小学生の頃から新聞を読む習慣ができました。小学生だから意味のわからない言葉がたくさんある。そのたびに『現代用語の基礎知識』という本で言葉を引き、理解するという作業をしていました。そういうことを繰り返したことで、雑学を含め世の中のあらゆることに興味をもつようになった気がします。

3 人間の心理は孫子、経営戦略はランチェスターから学んだ

内田　異業種にも目を配り参考にしてしまうのは、そうしたバックボーンがあるからでしょうね。ただ、代表はそれだけではなく人間の心理を読む能力もおもちです。

元谷　それは本から多くを学びました。なかでも私の人に対する観察力を養ってくれたのは孫子とマキャベリです。孫子は古代中国の兵法書、マキャベリは中世イタリアの思想家ですが、書かれている心理分析は現代でもそのまま通用する。とくに孫子は何か決断を下すときに、名言の一節が頭に浮かぶほど影響を受けています。また、経営においてはランチェスターの理論が大きな力になっています。私の経営戦略はランチェスターの理論そのものといっていいほどです。

内田　孫子とマキャベリとランチェスターですね。私も改めて読んでみたいと思います。最後に今後の展望についてお聞かせください。

元谷　現在取り組んでいる第二次頂上戦略は、単にホテルを増やしていくだけではありません。経営拡大と同時に、アパホテルのブランド力を上げる段階にあると考えています。２００６年には地上50階、１００１室のホテル単体としては日本最高層の「アパホテル＆リゾート〈東京ベイ幕張〉」を取得。その後、２００７室と増室し、グランドオープン。２０１６年にはアメリカとカナダに40ホテルを展開しました。２０１９年には一棟で２３１１室の客室をもつ日本最大の「アパホテル＆リゾート〈横浜ベイタワー〉」をオープンさせます。とくに〝日本最高層と日本最大のホテルはどちらもアパホテル〟という事実が大きなアピールになりますし、これまで利用したことがなかったお客さんにも来ていただけるでしょう。今後はそうしたブランドアップにもさらに力を注いでいこうと思っています。

内田　高品質と高機能にブランド力を加えて頂上戦略を盤石なものにしようというわけですね。代表は〝必勝の戦略〟を用意して起業したと語られましたが、お話をうかがっていると、次から次へと必勝の戦略を繰り出してこられたと感じました。そして、その戦略にはビジネスを成功に導くヒントが詰まっている。今回は大変深いお話をお聞かせいただき、ありがとうございました。

すごい! POINT

1. 一代で日本を代表する巨大ホテルグループを作り上げた経営手腕

2. 思考回路は極めてシンプル。ホテル業界の常識や見栄を排除し、お客さまが喜ぶことを最優先にしていることが顧客の熱い支持と成功につながっている

3. 会社経営のポリシーにも驚き。税金はとにかくたくさん払う。それが金融機関に対する信用につながり、経営拡大の源泉になっている

4. 土地の購入も即断即決。行けると判断したら高値買いも厭わない

5. 日本全国、そして海外(北米)にも驚異的なスピードでホテルを展開。2020年東京五輪に向けて都心攻略にも注力。今後、どこまで独走するかが、実に楽しみである

1 FILE

PROFILE

福島電力 株式会社

Fukushima Electric Power Co., Ltd.

事業内容：**電力の売買および仲介業務、発電および発電に関する取引、仲介業務など**

眞船秀幸：2016年の電力自由化を機に株式会社福眞を母体として設立。原発事故後、避難指示が解除された福島県双葉郡楢葉町の本社を維持しながら、福島県復興のため収益の一部を拠出。

所在地：〒970-8026 福島県いわき市平字南町21-1
（事業本部）
TEL：0246-84-7445 ／ FAX：0246-84-7446
HP：**http://www.fukushima-d.co.jp/**

「新電力」事業を福島復興の契機に

電力自由化で続々と誕生した「新電力」会社の中でひときわ異彩を放つのが福島県・楢葉町に本社を置く福島電力だ。東日本大震災後の原発事故で避難指示地区となった楢葉町は、避難指示解除後の今もなかなか人口が戻らず企業誘致も進まない。あえて現地で起業した同社は、原発に頼らない自前の発電施設建設の夢を追っている。

被災地域復興のためには地元民間企業の隆盛が必須

内田　福島電力は本社が福島県双葉郡楢葉町にありますね。もともと眞船社長が起業された親会社の株式会社福眞も同じです。楢葉町は東日本大震災後の原発事故の際、避難指示地区になりましたが、今はどんな状況ですか?

眞船　一昨年に避難指示が解除されたものの、町民の多くが町に戻りたくても戻れないでいる状態です。避難前の町民は8000人いましたが、避難指示解除後すぐに戻った人は200人程度でした。それから2年経った今でもやっと1000人ほどです。

空中放射線量や飲食物などの線量は基準値以下になりましたし、行政が公営住宅や医療施設などインフラ再生に努めていますから、生活できる条件は整いだしています。しかし、帰ってきても仕事がない、家族もバラバラになってしまった、などと、帰町した後の生活に不安を覚える人たちが当然ながらおります。だからといってこの町がこのままでいいわけがない。早く戻りたいと願っているおじいちゃん、おばあちゃんたちにはあまり時間がありません。また子どもたちの中には避難先でいじめを受けてＰＴＳＤ（心的外傷後ストレス障害）を引き起こした例もあります。地元に戻りたい人を戻れるようにするばかりでなく、地元の誇りを取り戻すことが大事です。

楢葉町はもともと長閑な田舎のいい町なんです。一刻も早く事故前の町に戻したい。それには町や地域の活性化が何より重要だと思います。

内田　震災・津波・原発事故という一連の出来事で生じた損害は、16兆円とも28兆円ともいわれていますね。

眞船　莫大な損害が生じましたが、全国の皆さんから被災地に約５０００億円の義援金をいただき、国の支援もいただいて、復興がじわじわと進んでいることに住民のひとりとして感謝しています。しかし本格的な復興はこれからです。インフラが整っても、人が生活するには仕事が必要で、企業が再び進出するには、そこに住民がいなければならない。建物を造るだけでは人が本格的に戻ってはきません。

内田　そこで眞船社長がなんとかしなくては、と福島電力を立ち上げたんですね。

眞船　避難地区になった楢葉町が避難指示解除から数年で復興できたら、周辺の地域や福島全体の大きな勇気につながると思います。そのためには楢葉町で新しい事業を興して成長する私たちの姿を見てもらいたい。まだまだ小さな事業規模ですが、やがては避難指示解除地区に人を取り戻す呼び水となりたいと思っています。

その希望をもって、営業はいわき市を本拠としながら楢葉町に福眞の本社を残し、福島電力の本社も同地区にしています。

電気代を安くし、安くなった分から復興資金を拠出

内田　以前お会いしたときに、収益の一部を地元に還元して、復興に貢献するとおっしゃっておられましたね。

眞船　当社の事業は、お客様の観点から平たくいえば、今までの電気代を数パーセントから数十パーセント安くするサービスなんです。東京電力などの既存電力会社との

契約を、当社に切り替えていただければ、それだけで安くなります。安くなった料金分から、復興支援金を電気料金と一緒に当社にお支払いいただく。当社は支援額分を復興資金として拠出するという仕組みです。

内田　それは行政としても大歓迎でしょうね。

眞船　福島電力には楢葉町が100パーセント出資した一般財団法人「ならはみらい」から出資をしていただいています。当社設立のときには、口下手な私ですが、地元の企業が事業を創出・拡大することがどう復興につながるのか一所懸命にプレゼンしました。その結果、町の協力が得られて事業が始められたという経緯があります。

内田　利用者は寄付金を出しても今までより電気代が安くなるんですね？

眞船　そのとおりです。どこまで安くなるかは個別の電力使用状況によりますが、現状より割高になることはありません。だいたい月の電気料金が平均5000円以上であれば安くなります。事前に個別の使用量をお知らせいただければお見積りしますので、納得されたらご契約いただく流れです。電力会社切替えの費用は一切かかりません。もし後でほかの業者に切り替えたくなっても簡単に切り替えられます。ただし、他業者で何年間かの継続利用契約になっている場合の切替えには違約金が発生する可能性がありますのでそこは注意が必要です。

内田　現在のところ、「新電力」事業には４００社以上が参入していますが、他社との違いは復興支援ができるところでしょうか？

眞船　「電気代が安くなったうえに復興の応援ができる」というのが他社にはないいちばんの特長です。一部の利用企業からはＣＳＲ（企業の社会的責任）を果たすことにつながるとご評価いただいていますし、個人のお客様からも多くのご支援をいただいています。「新電力」のうち百数十社は地域限定のサービスなんですが、当社のサービスは北海道から九州まで、どこからでもご利用いただけます。また収益率は高圧電力を利用する大口需要家や40アンペア以上の家庭などの方がいいので、他社はそれ以下の低圧電力を提供していない場合があります。当社にはアパートなどで一般的な30アンペア契約などでも安くなる料金プランがあります。

電力小売の全面自由化により競争原理が働いて安値に

内田　利用者としてはうれしいことばかりですね。しかしなんでそんなに安くできるのか気になります。

眞船　電力自由化以前は東京電力などの地域電力会社がその地域の発電から小売まで独占してきました。その料金は総括原価方式といって、電力サービスの原価に2・9パーセントの利益を乗せて算出します。原価にはもちろん施設建設・維持や送電線敷設・メンテナンスなどいろいろな要素がありますが、たとえば東京電力なら都心の一等地の巨大ビルのコストや、一般サラリーマンの1・5倍くらいの給料、数百億円にのぼる広告費なども原価に含まれます。原価が高くなればなるほど利益が大きくなる構造です。

原価削減の圧力が働きにくい一方で、発電量は需要量を上回っていて、電気は貯めておけないので地面に逃して捨てていたのが電力自由化以前の状況でした。

その結果として電力料金が上昇していたのですが、1995年以降は国の規制緩和が徐々に進み、一般企業が参入できる領域が増えてきました。2016年4月にはついに電力小売への参入が全面的に自由化され、「新電力」と呼ばれる電力小売会社が次々と参入するようになりました。

内田　「新電力」は総括原価方式ではないので、原価となる販管費（販売管理費および一般管理費）を合理化して下げれば、それだけ収益が出る構造になるんですか？

眞船　そのとおりです。価格の面で普通の企業間競争がやっとできるようになったわけです。「新電力」の平均ではだいたい5パーセントの料金低減ができています。当社はそれ以上の低減ができるように合理的な電力仕入れを図り、販管費の圧縮に努めています。

「新電力」は原発依存から脱却する一歩にもなる

内田　電力の仕入れから販売はどんな仕組みなんですか？

眞船　ほぼ全部の「新電力」がJEPX（一般社団法人日本卸電力取引所）による電力の現物取引や先渡取引の仲介を利用しています。発電設備のある会社は、従来は捨てるしかなかった余剰電力をJEPXに託します。JEPXはそれを市場に売りに出し、小売業者は入札して成約した分を買います。価格は地域により、日により、時間により変動しますから、うまく安く仕入れられれば収益が増えます。仕入れた電気は電線を通って利用者に届けられますが、送配電網は既存の電力会社がもっているので、それを使うための「託送料」が上乗せされます。それに小売業者の販管費と利益を乗せて、お客様に請求するという仕組みです。

内田　「新電力」の中には、自然エネルギー重視を謳っている会社もありますね。

眞船　ＪＥＰＸはさまざまな発電方法で生み出された電気を区別せずに取り扱いますから、原発の電力は使いたくないと思っても、選り分けることができません。なので「新電力」の中には、ＪＥＰＸからの電力のほかに、太陽光や風力などの再生可能エネルギーによる発電所からの電力を独自に仕入れる会社や自前で発電所を備える会社もあります。しかしそれだけで全国的な電力事情に応えることはできません。

　当社は当面、ＪＥＰＸからの電力を販売しますが、いつか現在の帰還困難地域などに自前の安全な発電所を建設して、原発に依存しない安心・安全な電力を供給したいという夢をもって

います。そうなるには、当社を含め「新電力」が力をつけなくてはいけない。2020年には送配電も自由化される予定ですが、それを待っている間にも、「新電力」のシェアを上げていくことが急務です。

内田　「新電力」のシェアは今どのくらいですか？

眞船　現在はまだ6パーセント程度にすぎません。しかし4月時点の資源エネルギー庁の資料によれば、低圧分野で月に20万件のペースで「新電力」への転換が進んでおり、これからもっと加速していくと思っています。

内田　福島県では転換が進んでいるんですか？

眞船　残念ながら、電力事業そのものへの不信感が渦巻いているので、「新電力」の認知そのものが進んでいないのが現状です。当社の実績でいえば、大阪地区での契約がいちばん伸びています。

全国500の代理店展開で売上300億が視野に

内田　社長の理念と夢はよくわかりました。実現のためにはビジネスを成功させなければなりませんが、そもそも、その若さで電力会社を起業されたことが驚きです。電力小売が自由化されたとはいえ、業界への参入ハードルはなかったんですか。

眞船　一般的に「新電力」への参入は資金調達力が大きなハードルになります。来月使う電気代の概算を前月に払い、4ヵ月後に回収するのが普通なので、それだけの事業資金がないといけません。たとえば月に1億円の電気代を使うお客様の契約前に4億円が必要です。

それだけの資金調達ができるかどうかが参入を難しくしていますが、私の場合は電力業界に馴染みがあったんです。18歳のときに最初にやった仕事が、原発施設工事の現場の足場組みでした。大手電力会社の8次請けくらいの電気工事会社だったんですね。そこで技術を学びながら頑張っていたら、クレームがなくて仕上がりが綺麗だと電力会社が評価してくれました。そこで24歳のときに電気工事と周辺の業務を行う株式会社福眞を自分で立ち上げ、東京電力と東北電力の元請けになりました。

元請けになるのは容易なことではありませんが、それを成し遂げたうえ、3年連続で県内ナンバーワンの技術評価をいただきました。その実績を背景に、大手電力会社から、5年くらい先までの仕事量を確定してもらっています。これが大きな信用力となり、子会社である福島電力に銀行が融資してくれるんです。

内田　そこが参入できた理由の肝腎なところですね。資金がなければできない。

眞船　それでも最初は地域限定でのサービスを考えていました。ですが、被災地は全国の皆さんからの義援金を使わせてもらって復興に近づいてきた。それなら全国に恩返しをしなくちゃいけない。そう思い直し、全国に販売代理店を増やしていくことにしました。

企業や家庭などに、何らかのサービスを直接提供しておられる会社は全国津々浦々にたくさんあります。その多くは、本業として提供するサービス以外にも、お客様のためになるサービスなら合わせて提供して、満足度を上げていきたいと考えているんです。そうした会社の方々に、福島電力の取り組みを説明させていただくと、理念にご賛同いただけるケースが多いのです。志を共有できる会社に代理店になっていただき、広範なお客様に福島電力の理念を広めてもらうことが重要だと考えています。もちろんお客様の電力料金が安くなりますし、契約されるお客様が増えれば代理店としての収入も拡大します。

実際、小規模な業者さんでも、代理店を副業として運営して成功している例がずいぶんあります。

たとえばアパート経営をしている不動産業者が代理店を兼業する場合ですと、新規契約や契約更新時に合わせて電力契約を切り替えてもらうことで、契約数が増やせます。新聞販売店の場合なら、料金収集のときに1週間のスポーツ紙のサービスなどの特典をつけて契約をお願いすることができます。現在は北海道から九州まで全国に約500の代理店ができました。まだ稼働率は低いのですが、うまく機能してくれれば来年には売上200から300億円を計上できると予想しています。

内田　2年目で300億円が見えてきましたか！　すごいですね。

代理店展開と少数精鋭の自社営業で販管費を低減

眞船　代理店の方からは「福島復興」という理念があるから説明しやすい、売りやすいと言っていただいています。私たちの使命感を共有してくれる代理店ほど契約数が多くなるようですね。新規の代理店も募集中です。

自社の営業は多店舗展開の小売店や学校、病院、ホテル、大型施設など大口需要家を中心に、飛び込み営業も含めて頑張っています。会社に出てこないでいろいろな地域に行って営業している営業スタッフもいますよ。今日も水戸市のホテルの年間1億円の案件の契約が取れるといって、私のスマホに連絡してきました。このスタッフは千葉県に住んでいます。自由にどこにでも行って、行った先で契約を取ってくるすごい手腕をもっています。どこで何をやっているのかはスマホで使える営業管理サービスで把握はしていますが、自分の才覚で自由に動くのが当社の営業です。

内田　天才的な営業スタッフもいるんですね。営業の体制はどうなっていますか？

眞船　自社営業チームにより、銀行さんのシステムを利用しながら全国に営業展開していますが、直接エンドユーザー様に対する営業活動は、全国の500社を超える代理店の営業マンの皆さんにほとんどお任せしています。代理店の皆さんが売りやすいようにサポートする活動の比重が高いですね。われわれは少数精鋭でやっています。

内田　社員の方とのコミュニケーションはどのようにされているんですか。

眞船　食事会をよくやっていますね。みんなで集まるのは月1回ですが、営業スタッフや内勤の責任者とは1対1でよく行っています。みんな喜んで来てくれますし、愚痴も言えば、悩みも話してくれます。私は顔は怖いけど聞き上手なんですよ（笑）。

内田　ちっとも怖いとは思いませんけどね。そうやって社員の皆さんと話して、大きな理念の実現のための方向性を常に揃えていくことが大切なんだと思います。少数精鋭でやっていくことが、販管費を抑えてお客様のコストを下げ、収益も上げていくことにつながっているわけですね。

楢葉町で10万人規模のライブコンサートを計画中

内田　今後はどのように展開していかれますか？

眞船　本業の方では代理店へのケアを手厚くして、営業をしやすくするのが直近の課題です。また代理店をもっと増やして事業を早急に拡大し、早く発電施設が作れるような企業になりたいと思っています。

　復興支援の方のトピックとしては、楢葉町で10万人規模で集客できるコンサートを企画しています。若い人にたくさん来てもらい、楢葉町の良さを実体験してもらって、安全でいいところだと理解してほしい。それが町に人を取り戻すきっかけになると思います。また世界に恥をさらし、今も多くの人を苦しませている原発事故を、二度と起こさない決意を改めて固める機会にもなるはずです。

内田　ぜひ頑張ってください。私も電力会社の切り替えを検討します。

FILE 1

すごい! POINT

1. 原発事故からの復興へ固い決意と強い意志
2. 電気料金を安くし収益から復興資金を拠出
3. 被災地の行政を説得して出資を実現
4. 日本全国に500社を超える代理店網を構築
5. 大手電力会社が認めるグループ会社の信用力

UCHIDA'S EYE

原発事故被害で人口が減少、破壊された地元経済の発展のために自治体の出資を受けて船出、その心意気に賛同して地元銀行も全面バックアップする磐石の布陣。多店舗展開しているチェーン店や大型施設、ホテルや学校などに、1件1件足繁く提案に通う姿に、この会社の強さを見た。

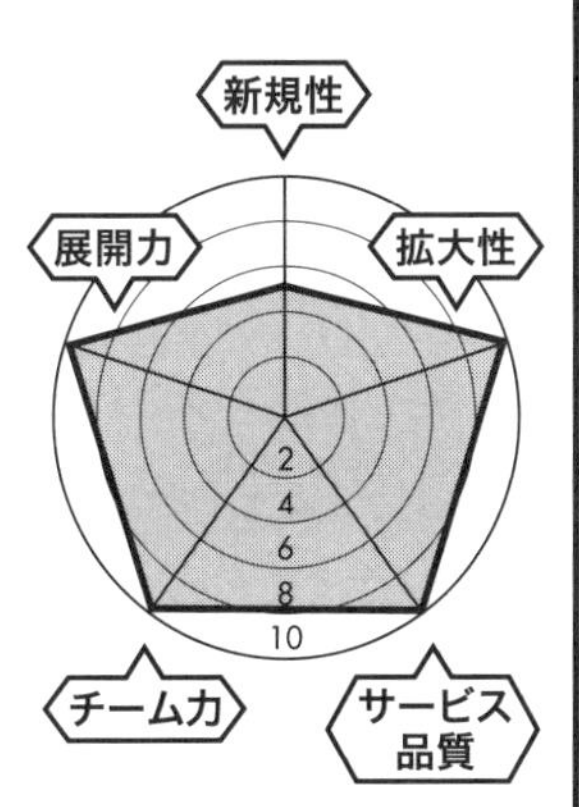

PROFILE

2 FILE

株式会社 サンクレスト

SUNCREST Co., Ltd.

代表取締役社長 植田 実 うえだ みのる

事業内容：**スマホケース・液晶画面保護フィルム・ガラスフィルムなどの製造販売**
設　立：**1986年4月5日**
資本金：**6000万円**
従業員数：**25人**

植田　実：東大阪の町工場から年商約10億円の企業を育てる。親しみある個性で、事業とともに「(一財)青少年夢応援隊」などの青少年のための社会貢献活動で大阪の経済復活を推進。

所在地：〒577-0814 大阪府東大阪市南上小阪12番42号
TEL：06-6725-5553／FAX：06-6725-5539
E-Mail：info@suncrest.co.jp
HP：**http://www.suncrest.co.jp**

ユーザーの声の傾聴でアイディア商品を連発、シェア拡大

スマートフォン（スマホ）の普及で急拡大した関連アクセサリー業界。その市場を牽引したのがサンクレストだ。メールブロック、衝撃吸収フィルム、ジュエリーシール、スライドｇｏｏｄ落ちないくん、キャラクター展開など、潜在ニーズをいち早く捉えた商品による成長の背景には、苦しい経験を重ねた社長の、夢をかなえる強靭な意志と優しさがあった。

必死で働いて創業資金の１０００万円を貯金

内田　植田さんの会社は携帯・スマホアクセサリーで年商10億円超のトップメーカーですね。個人的には以前からお付き合いさせていただいていますが、この仕事を始めるきっかけについてまだじっくりお話を聞いたことがありません。そこからお聞かせ

いただけますか。

植田　僕は東大阪の生まれで、生家は栄光金属という家族経営の小さな町工場をやっていました。父親が借金を背負い、経済的に非常に厳しい状況だったので、高校3年のとき、ある薬科大学に合格はしたのですが、寄付金が払えずに進学を断念せざるを得なくなりました。仕方なく家業を手伝ったら、冷房のない作業場で1日中金属プレスやネジ切りばかり。汗と油にまみれて仕事をし、油でべとつく体のまま食事をして、また油だらけの作業場に戻る繰り返しでした。それでも給料は3万円。1年間働き、このままでは僕の人生は終わると思いましたね。

そこで一念発起して、お金を貯めて自分の会社を起こそうと決心しました。まず父親に土曜日は休みをくれと頼んだんです。「なんでや?」と聞かれ、「僕は土日も働いて、10年かけて1000万円貯める。そして会社をつくる」と、そのとき宣言しました。月曜から金曜までは家の仕事をし、土曜・日曜は競馬場で警備の仕事をし、さらに月曜と木曜は家庭教師の仕事もやりました。

内田　よくそれだけ働けましたね!

植田　必死で働きましたよ。10年経ち、1000万円貯まりましたが、働きすぎで急性肝炎を誘発して倒れてしまいました。1ヵ月入院しましたが、このままやっていたら死ぬなと思って、退院して早々に具体的に創業準備を始めたんです。

トタン屋根の四畳半で創業、甥の涙から最初の商品を開発

内田　最初から今のような事業をしたいと思っていたんですか?

植田　何かをしなければと思っていたのは1985年頃です。その頃はファミコンの「マリオブラザーズ」がはやっていたんです。当時小学4年生の甥っ子も夢中で遊んでいたましたが、涙を流しながらやっていました。何時間もやり続けて目が疲れてしまうんですね。それを見て、画面フィルターをクリスマスプレゼントにしようと思ったんです。ところが当時はそれがなかった。でもホームセンターに行ったら、紫外線がカットできるスモーク処理したアクリル板がありました。それをテレビ画面に貼り付けたら、甥っ子が「3時間やっても涙が出ない」と。また「夜、頭が重くなっていてなかなか寝付けなかったのがよく眠れるようになった」と喜んでくれましてね。それならこれを商品化しても良いのではないかと思いつきました。

内田　甥っ子さんの涙を何とかしたいという気持ちが最初の商品になったんですね。

植田　それで栄光金属の名前で住友化学などのメーカーを回って、1ロット300万円で仕入れましたが、販路がなくて自分の周辺に数十枚くらいしか売れませんでした。
　その頃結婚もして、家賃2万4700円の団地に入居しました。仕事場は、トタン屋根の四畳半の畳部屋で雨が降ると電話の音が聞こえません。カレンダーの裏に「サンクレスト」とマジックで書いて看板にして、拾ってきたピンク色の机で仕事を始めました。今でも忘れられないのは、その机をゴミ置き場から拾うときに、団地の女の子から「ドロボー！」って言われたことですね。いやいやこれはゴミなんだと言っているうちに、ほかの女の子たちが集まってきて口々に「ドロボー、ドロボー」と囃し立てられて本当に恥ずかしかった。結局持ち帰ったんです。1円でも無駄にしたくなかったので。

内田　うわっ、大変な創業でしたね。でも、最初の商品は結局売れたんでしょう？

植田　なかなか売れずに資金が1000万円から350万円ほどに減りました。そのとき、東京の広告代理店にいる友達から、創刊間もないテレビゲームの「ファミリーコンピューターマガジン」に広告を出してはどうかと助言されたんです。その雑誌で始めた通販で、やっとそこそこ売上が立つようになりました。売れれば利益率はいいんです。そこからＩＢＭやソフトバンクなどを回って口座を開いてもらい、ＯＥＭ出荷もできるようになりました。

渋谷の女子高生の声から誕生した商品が大ヒット

内田　その後はヒット商品を連発されましたね。

植田　テレビゲーム用フィルターの次はＯＡフィルターでした。さらに大きなヒット商品になったのがゲームボーイなどに用いるサンフィルターです。目に優しいフィルムですね。これも僕が開発しました。

　その頃からは携帯電話の全盛時代で、携帯電話用のメールブロックフィルターを販売したんです。これはメールを横から覗き見されるのを防ぐフィルムです。いちばん開発で苦労したのが、メールブロックの付け外しです。これまでできなかったのをできるようにしたのが僕らです。

　ところがこれが売れなかった。６ヵ月で３００個くらいしか売れず、社員からも批判されて、何か打開策がないかと思っていたとき、たまたまコンビニの前にたむろしている女子高生たちに意を決して話しかけてみたんです。彼女たちには散々おちょくられましたがそれでも15分くらいの間、おもしろがって話をしてくれました。年齢が離れていてもちゃんと会話できるものだな、そこから得るものもあるかもしれないと思っていたら、新聞で「流行は渋谷の女子高生がつくる」という記事を見つけました。

そこで、記事にあった東京のマーケティング会社に電話して、女子高生の話を聞く機会をつくってもらいました。東京で6人の女子高生に3時間、自由に話をしてもらったんです。

そこでいろいろな話を聞くうちに、メールブロックはピンクがいいとか、ブルー、グリーンがいいとか言い出しました。これは驚きの発想でした。

でもピンクやブルーのフィルターでは、10パーセントほどフィルター性能が落ちるんです。それはさすがに作りたくないねと話しながら大阪に帰ったんですが、親戚の子どもにフィルターをあげると、やはりピンク色が欲しいと言うんですね。そこで、ああ、これは僕らが間違っていると思いました。

欲しがられるものを作らなければいけない。でも取引のある製造工場には、案の定、製造を断られました。それで長野県の塩尻にある工場まで社員4人で直接出向いてお願いしました。それを意気に感じてもらえたのか、やってみましょうということになり、すごく綺麗なピンクのフィルターができたんです。これを家電量販店などで売り出したところ、なんと1年で20万個売れる大ヒットになりました。

キャラクター商品はアメリカ村の若者の意見から

内田　数百個しか売れない商品が、女子高生の意見で20万個に！　すごいですね。

植田　それ以降、大阪のアメリカ村にある三角公園で毎月女子高生や若者の話を聞く機会をつくってるんです。大人にはなかなか思いつかないアイデアをもらえます。たとえば、サンリオのキャラクター「ハローキティ」の絵柄をフィルターに印刷した商品を作ったら、今度は年間２００万個も売れました。

また、キラキラのクリスタルでスマホをデコる「ジュエリーシール」は定番商品になっていましたが、ある女子高生はそれをキティの顔の形で貼り付けていたんですね。「おっちゃん、こんなん作ったら売れるで」と言うので、なるほどと思い社内で話したら、「もうジュエリーシールは先がない」と反発され、サンリオのほうでも、クリスタルで造形すると表面がブツブツになるのでキティのキャラクター使用をなかなか承知してくれません。仕方がないのでひとりで韓国の商社の知り合いに会いに行き、彼の助力で中国の青島で工場を立ち上げて、キラキラの量は2倍、値段は100円上がるだけというジュエリーシールを作りました。それがバカ売れしたんです。それをキティの形にしようとサンリオと粘り強く交渉し、デザイン変更を繰り返して5〜6ヵ月後にようやくOKが出て売り出しました。

内田　社長の独断先行と粘り勝ちですね。テレビ出演が多くなったのはその頃？

植田　ピンク色やキティの絵柄のメールブロックのときに、「渋谷で社会現象が起きている」というニュースになったのが始まりですね。キー局のニュース番組などで大きく取り上げてもらいました。また、傷が消える「マジックフィルム」や、金槌で叩いても画面が割れない「衝撃吸収フィルム」なども人気なんですよ。その発売時にも、テレビ番組の〝トレたま〟で紹介していただきました。これまで60〜70くらいの番組に出演していると思います。もちろん裏では、どうやったら番組に取り上げてもらえるか、さまざまに作戦を練り、売り込んだんですよ。

なかでもいちばんインパクトがあったのが、TBSの「がっちりマンデー」ですね。当初はメールブロックに関する取材ということだったんですが、ちょうどキティのジュエリーシールの販売を始めた時期でした。どうしてもジュエリーシールの方向に話をもっていこうと作戦を練って、開発秘話を全部明かすことにしたんです。おっちゃんが大阪のアメリカ村の三角公園の女子高生たちの輪に入って話をする。テレビ局はその絵がおもしろいと思ってくれたんですね。撮影クルーと三角公園に行き、ジュエリーシールの話をして、最後にみんなで「ジュエリーシール、がっちり!!」とポーズを決めた。これで翌週から凄いことになりました。このかいもあり結局3億円の売上につながったんです。

倒産危機からキャラクターを使った商品展開でV字回復

内田　このようにうかがっているとと順風満帆でここまで来たような感じですが……。

植田　アイデアの新奇さで勝負する一品商品は確かに爆発的な売れ行きを見せることがありますが、限界があります。たとえば一時期はメールブロックだけで年商10億円を上げていたんですが、その翌年に6億5000万円にまで落ち込んだことがあります。倒産危機ですね。このときには泣く泣く人員削減し、業績回復のための3ヵ年計画を作って銀行回りをして融資をお願いしました。2日間で16行回りましたね。さらに悪いことにちょうどその後にリーマンショックが来て、売上も利益も大きく落ちました。しかし、その状況を救ってくれたのが、先ほどの女子高生たちです。キティのジュエリーシールの開発がきっかけになり、V字回復ができました。

ただ女子高生だけでなく、おしゃれや流行に敏感な少し高めの年齢層の意見も取り入れたいと思い、近年では「ギャルママおしゃれ研究所」も社内に設置しています。今のところギャルママのための美容関連製品（ウィッグやネイルシール）開発に貴重な意見を生かしています。このような潜在ニーズを捉える取り組みを通して商品カテゴリーとアイテムを増やし、一部のヒット商品に頼らない安定成長を目指しています。

他社に比べ、キャラクターを商品に取り入れるノウハウに長けているところは当社の強みです。今後もお客様の声を丹念に拾って、それに応える商品を提案します。得意分野のスマホケースでも、たとえばさまざまなスマートフォンをお使いになるお客様が増えている昨今、特定機種対応だけでなく、どんな機種でもケースに貼り付けて使用できるマルチケースで、カメラを撮る際にはカメラ部分だけを上に出せる手帳型ケースを製造販売しています。

また、機種によっては「剥がれてしまう」といった問題を解決するため、落下防止シート「落ちないくん」など、どこにもなかった商品を開発し続けています。今期は約11・5億円、来期は12億円の売上となる見込みで、成長中です。

ビジネスを継続し社会を豊かにすることが私の使命

具体的にやるべきことは、まずはビジネスの継続です。これは起業家としての使命です。儲けることよりも、人のためになることを継続してやり続けることが大事。世の中の人のためになる企業活動を実行することで、自分の家族、周りの社員、その家族が幸せになることを目指し、事業を続けていかなければなりません。

そのためには、社員が安心して仕事ができる会社でなければいけない。そう思い、特に女性社員のために産休中の給与補償や、戻ってきたときの役職保証などの人事制度を手厚く整備しています。長期休暇の間も会社との関係を断たないよう、「サンクレスト新聞」を毎月発行して、社内の状況がわかるようにする工夫もしました。やがては子どもを抱きながらタイムカードを押せる会社にしたい。もちろん男性社員にも働きやすい会社にしていきたい。そうしてたゆまずに事業を継続していくことが大阪を、社会を豊かにすると思っています。

経営理念は「挨拶・行動・感謝」。これだけです。僕の講演に来た修学旅行生などには、この言葉を東大阪土産にしてくださいと言っているんです。大きな声で挨拶をする、100パーセント前向きに行動して諦めない、常にお客様に感謝し、お帰りのときはお客様が見えなくなるまで見送る。それで人生は150パーセント変わると。

社会貢献は息子のがんを治してくれた石切神社への誓い

内田　植田さんがこれだけ頑張れた背景には、どこか確固とした信念・理念を感じます。その秘密を教えてもらえませんか。

植田　僕の原点は、息子を死の淵から救ってくれた神様と、周りのすべての人への感謝です。実は僕の息子が10歳になる頃、耳下腺がんになりました。顔の形が変わるような大手術もしましたが再発し、医者からはもう助からないと言われ、絶望的な気持ちになったとき、「この子を20歳まで生かしてください。そうしてくれたら何でもします」と、大阪の石切神社に妻と一緒にお百度参りをしたんです。するとその1週間後、友人が「がんの新薬で治った」という本『天空の川』（関正和著・1994年）を紹介してくれました。それでその本に紹介されていた千葉県の一条会病院の新薬点滴治療を知り、転院して点滴治療を始めました。すると1ヵ月で16箇所のがんが消滅し、完治したんです。それからは再発防止と免疫機能に効果があるというハスミワクチンを毎週継続して注射して、今では33歳を迎え、マリーアントワネットという会社を設立して元気に仕事をしています。

この奇跡的な出来事は、石切神社の神様のお陰だと思っています。だから僕は神様との約束を果たさなければならない。神様は何をせよと言われているのかを考えたとき、子どもの夢をかなえるため、世の中の人の役に立つために働きたいと思ったんです。

20年で1000人を留学させる「夢応援隊」

内田　感謝の気持ちが社会への恩返しとなって表れているわけですね。ビジネス以外でも、社会貢献活動に熱心ですよね。

植田　僕には「20年で1000人の子どもを海外に留学させる」20年計画があるんです。留学は人間を大きく成長させます。でも夢をもちながら経済的に断念せざるを得ない人が多いのが現実。僕は困難な状況でも夢をもつ子どもを支援したい。そして成長したら大阪に戻ってきて、地元のために仕事をしてもらいたい。

そこで一般財団法人青少年夢応援隊という団体を立ち上げ、僕が代表理事となって年に一度、「世界に羽ばたけ『夢』スピーチコンテスト」を開催し、子どもたちに夢を実現してもらおうと、受賞した子どもたちに総額120万円を付与して支援したり、また、「10万人ワンコイン運動」を展開しています。これはご支援いただける方に毎月500円の寄付をお願いしているんです。10万人の支援者が集まれば、200～250人が2年間留学できる費用が捻出できます。

この運動の広がりには影響力のある方の協力が必要なんですが、内田さんの講演で僕は「トップをつかめ」と学びました。その言葉を遮二無二実践し、LINEの元社長である森川亮さんやひかりTVの坂東社長、関西コレクション会長の中川康之さんなどと直接お話しできる機会を得て、ワンコイン運動へのご賛同をいただきました。そうした経済人との交流は、大阪の企業と東京の企業との異業種交流のきっかけとなることも多く、今では大阪の企業を東京に紹介することも僕のひとつの使命だと感じています。内田さんと出会わなければ、こんな経験はできなかったと思います。

内田　私にまで感謝してくださるんですか？（笑）　こちらこそ、こんなプライベートに立ち入ったお話までお聞かせいただいて、ありがとうございます。サンクレストさんのご発展の秘密がわかった気持ちがいたします。

2
FILE

すごい! POINT

1. 資金を無駄にせず、アイデアと行動力で販路を開拓
2. 女子高生、ギャルママなど流行に敏感な層の意見を傾聴
3. 有名キャラクターを生かした商品
4. 積極的なメディア露出戦略を展開
5. 感謝の気持ちを社会に還元する使命感
6. 社会貢献事業活動で地元に貢献

UCHIDA'S EYE

困難ばかりの青年期をバネに会社を大きく成長させたのは、社長の並外れた行動力と親しみあるキャラクターによるところが大きい。粘り強く決して負けない心の強さ、女子高生やギャルママの意見にも耳を傾ける素直さ、そして真摯なビジネスへの姿勢が、社員を大事にする人事制度や「サンクレスト新聞」ににじみ出る優しさに表れている。

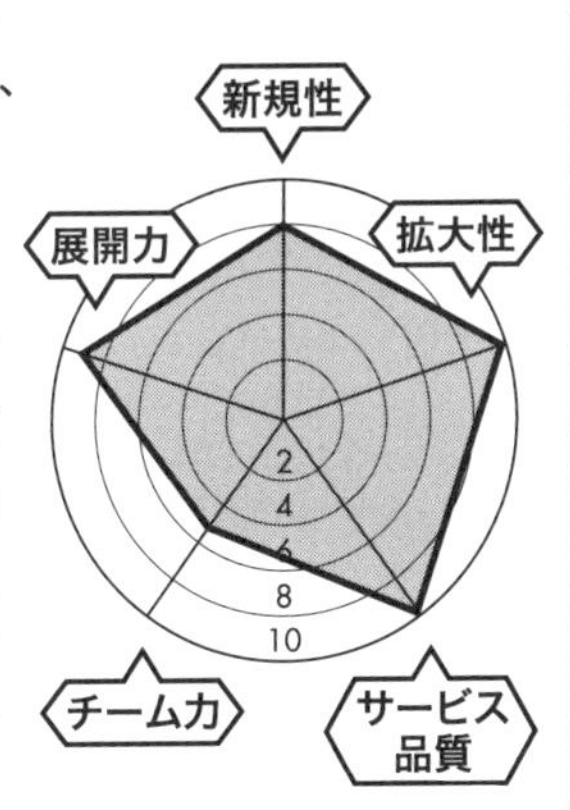

3 FILE

PROFILE

株式会社 京ろまん

KYO ROMAN Co.,Ltd.

代表取締役社長
郡 史朗
こおり しろう

事業内容：**呉服・和装関連商品販売、フォトスタジオ、着付け教室運営**
設　立：**1986年11月**
資本金：**9702万円**
従業員数：**171人**

郡 史朗：1961年奈良県生まれ。1986年、呉服小売会社「京ろまん」を設立。二度の逆境を乗り越え、画期的なビジネスモデルを構築。着物業界では数少ない成長を続ける企業に育て上げた。

所在地：〒630-8246 奈良県奈良市油阪地方町6－4
京ろまんビル4F
TEL：0742-27-8400／FAX：0742-27-8444
E-Mail：info@kyo-roman.com
HP：**http://www.kyo-roman.com**

着物ファンを増やすことで急成長を続ける革新的経営

〝和服は特別なときにしか着ないもの〟と思い込んでいる人がほとんどだ。そのため市場は限られ、多くの着物関連企業は厳しい経営を強いられている。そんななか、京ろまんは独自の方法で着物の魅力を発信し、新たな着物ファンをつくることで業績を伸ばしてきた。着物が決して縮小産業でないことを示した郡史朗社長の経営手法とは。

25歳で呉服小売会社「京ろまん」を設立

内田　郡社長は「着物業界の風雲児」とも呼ばれ、事業を拡大し続ける経営手腕が注目されていますが、そもそも着物って男性には縁遠い業種じゃないですか。郡家に呉服関連の事業をされている方がいたのですか。

郡　まったくおりません。私の両親は父が裁判所、母が市役所勤務という堅い家で、商売をするということさえ考えられませんでした。

内田　では、どうしてこの業界に？

郡　大学卒業後、雑貨類を扱うメーカーに就職したのですが、半年ほど経った頃、アルバイト時代の先輩から「着物の会社を立ち上げるから手伝ってくれ」と声をかけられたんです。その条件が魅力的でした。「給料100万円出すから」と。

内田　それに釣られて、せっかく就職した会社を辞めてしまったんですね（笑）。

郡　はい。ところが仕事を始めてみたら給料は完全歩合制で「着物をたくさん売ったら、100万円くらいにはなる」ということだったんです（笑）。でも、頑張って売ったので結構いい給料も貰えましたし、着物を売る仕事の楽しさや喜びを感じましたから、転職して良かったと思っていたんです。ところが、創業して1年経った頃、その先輩が会社を東京に移転すると言い出しましてね。私は関西を離れる気がなかったので、途方に暮れました。

内田　自分勝手というか、ずいぶん人騒がせな先輩ですね（笑）。

郡　そんなとき、可愛がってくれていた取引先の方が「ウチの商品を貸してあげるから着物販売の会社を立ち上げたら？」と言ってくださいましてね。自己資金はわずかでしたが、関西に残りたい仲間と3人で会社をつくったんです。

内田　それが「京ろまん」の創業ですね。経営のほうは順調だったんですか。

郡　売上はまずまずでした。京都の町屋を借りて展示会を開くんです。大阪のコールセンターから関西一円のお客様に電話をかけて「京都で展示会を開催するので見に来ませんか」と。京都の町屋には独特な雰囲気がありますし、品揃えも豊富だとお客様に支持していただけました。

ただ、大きな利益が出ているわけでもありませんでしたし、経営者としては将来のことも含めていろいろ悩みました。業界全体の市場規模はこの30年間で約1兆5000億円から3000億円と5分の1ほどになっていて、実際、着物を購入されるのは限られた方であり、数少ない顧客を多くの販売会社が奪い合っている状態でした。加えて電話営業という手法にも疑問を感じました。いうまでもありませんが、電話営業は断られて当たり前。それでも売るためにはかけ続けるしかない。こんな形のビジネスは長くは続けられないなと思っていました。それで、海外貿易の仕事をしたり飲食店を始めたりとジタバタしていたんです。

内田　「着物販売」の看板を掲げていながら別のことに熱を入れていたと。

郡　社長がそんなふうでは社員の心も離れますよね。1人減り、2人減り、最後に従業員が3人になったところで実家のある奈良に戻ることにしました。

内田　原点に戻って再起を図ったということですか。

郡　そのつもりだったのですが、実はこの頃、ビジネスに絡んだ詐欺に遭って、数千万円もの多額の負債を背負ってしまったのです。しかも、その中の大きな額の返済期限が迫る中、資金の目途は全く立ちませんでした。

内田　大ピンチですね。

郡　それで起死回生の大勝負に打って出ました。大展示会で手持ちの着物を売り尽くすことを考えたのです。約200人のお得意様すべてのお宅に伺い礼を尽くして「展示会に来てください」とお願いしました。その必死さがお客様に伝わったのか、ほとんどの方が来てくださり着物を買っていただけました。4日間の展示会で当時の年間売上に近い金額を販売することができ、借金を返すことができました。このときは「着物に助けられた」と心底思いましたね。それまでは何か儲かる商売はないか、とフラフラしていたわけですが、もう着物の仕事から一生離れないと決意しました。

着物業界の大型倒産による逆風

内田　詐欺に遭ったことが大きな転機になったわけですね。

郡　その後は経営の勉強をやり直し、コンサルタントのアドバイスなども聞くようにして、少しずつ事業を拡大していきました。また、この時期は母親にもずいぶん助けられました。私が着物の仕事に本腰を入れる覚悟をしたことが伝わったのか、市役所を定年退職して全く商売の経験もない母が、私の会社で着物販売を手伝ってくれたのです。しかも、ガンで亡くなるまでの6年間、ものすごいパワーで誰よりも着物を販売してくれました。母親には本当に感謝しています。

内田　その後は順調に？

郡　実はもう1回、大きなピンチを経験しています。2006年に呉服販売の大手2社が相次いで倒産しました。いずれも売上トップクラスの有名企業だったんですが、実はかなり悪質な販売手法で売上を伸ばしていたのです。しつこく勧誘の電話をかけて、嫌がるお客様でも無理やり展示会に呼び込み、そしてスタッフが取り囲んで買うまで帰さない。

内田　監禁商法ってやつだ。

郡　しかも高額の長期ローンを組ませていたので返済に行き詰るお客様が多発し、社会問題にもなりました。これは大きく報道されましたし、大手がそんな悪質な商売をしていたということで着物業界全体が白い目で見られるようになったんです。当社の上得意客にも、破綻した大手2社で着物を買っておられた方がたくさんいらっしゃいました。自分が買った着物が納品されない、アフターフォローも受けられないなど、2社破綻の余波でお客様の消費マインドは一気に冷え込みました。

　また、大手信販各社がこぞって呉服業界から手を引く流れになり、銀行の呉服業界に対する与信姿勢も非常に厳しいものに変わっていきま

した。これらのことは一般の呉服小売業者にも大きな影響を及ぼしました。販売方法に問題がなくても、「お客様の固定化・高齢化」や「ローンでの購入率の増加」という構造的な問題は業界全体に存在していましたので、当社も急速に売上が落ちていきました。

タイミングの悪いことに、当時、当社は奈良県初のグリーンシート市場への株式公開を果たし、さらに上位市場への上場を目指そうと積極的な事業拡大を進めた矢先でした。経費が増え続けるなかで急速に売上が落ち、毎月2000万円、3000万円という赤字が出る事態に陥ってしまいました。

さすがに私も弱気になり、ついには社員の前で「うちの会社には、もう夢はない」と口走ってしまっていました。

内田 ある意味、詐欺に引っかかって借金を背負ったときよりも絶望的な状況じゃないですか。でも、今日の隆盛があるということは、その危機を乗り越えたわけですよね。そのピンチをどう切り抜けたのですか。

郡 失意にありましたが、なぜか逃げ出そうとは思っていませんでした。ある日の東京出張で六本木ヒルズの前を通りがかり、何気なく、このビルに住んでいるであろう成功者たちのことを考えながら見上げていたら、ふと〝オレもこんなところで負けてはいられない〟という思いが込み上げてきたんです。それで奈良の会社に戻り、社員の前で「ウチの会社には夢がある。これから業績はぐんぐん回復する」と以前とは真逆のことを言ったんです。その言葉で社員の表情が一気に明るくなり、会社を再興しようという空気が生まれました。

業界では困難と見られていた市場の掘り起こしに挑戦

内田　でも、社長の気持ちが変わるだけでは状況は好転しませんよね。復活のため、何らかの手立てを打ったと思うのですが。

郡　まずは会社を立て直すため、あらゆる改革を行いました。店舗閉鎖や統合、組織の再編や役割見直し、ファイナンス体制の改善など、いわゆるリストラクチャリング（事業構造の再構築）に徹底的に取り組みました。そして同時に、着物ビジネスの手法を少しずつ変えていきました。着物業界は限られた顧客の奪い合いをしていた。だからしつこい電話営業が横行し、それがエスカレートして無理やり買わせるという悪質な販売業者まで出たわけです。ならば電話営業を止めよう。こちらから呼び込むのではなく、お客様から自発的に来ていただける店にしようと思ったのです。

内田　発想の転換ですね。でも、それにはどうすれば……。

郡　最初に手がけたのは、「店舗のイメージチェンジ」です。呉服店って、一般の方には敷居が高いというか、気軽に入れないイメージがあるじゃないですか。

内田　入ったら、買わなきゃいけないというふうにも思われてしまった。

郡　そういうイメージを払拭するために、白を基調にした明るい内装にして、オープンでお洒落なアパレルショップのような感じにしたんです。そして、固定客である着物ファンのためだけの店ではなく、これまで着物には縁がなかった人たちに目を向けた店作り、いわゆる潜在顧客へのアプローチを懸命にやり始めました。たとえば、これまでは店頭のいちばん目立つところに足袋など実用小物を置いて、着物経験者が足を止めやすい店づくりをしていましたが、これでは潜在顧客は入ってこない。そこで実用小物は奥に置き、トルソーでの着姿ディスプレイを目の引く場所にたくさん並べました。そうすると、新規の通行客が「うわ、着物ってすてき」とか「着てみたいなあ」と関心を寄せていただける。価格帯も正絹着物と帯のセットをお仕立て代も含めて10万円というお買い得価格に設定しました。そうすることで、今まで着物を着たことがない人の中から、まずは「着てみる」人が増やせます。
着物は一度着て出かけると、理屈抜きに心躍るものなのです。そして、とにかく目立ちます。たくさんの方の注目を浴びるので普段の洋服とは違うファッションとしての魅力もあります。最近だと、どの街にも外国人観光客がたくさんいますが、街で着物姿の女性を見たら、舞妓さんにでも遭遇したかのように「ワオッ!」とか言って見てくれるわけです（笑）。

内田　それって快感ですよね。

郡　そういう着物体験から新しい着物ファンが増えていきますし、そういう方が身近にいれば周囲の人たちも着物に興味をもっていただけます。それをきっかけにひとり、またひとりと着物ファンが増えていくという好循環が起これば、こちらからアクションを起こさなくてもお客様に来ていただけるようになるわけですよ。

内田　なるほど。郡さんは着物における新たな市場の掘り起こしにチャレンジしたわけだ。それまでの着物業界は、拠って立つ大事な商売であるにもかかわらず、どうせ衰退産業だからと諦めて市場の掘り起こしを怠ってきた。郡さんはその失敗を反省し、真っ当な市場の掘り起こしという方向性を打ち出して、成功を導いたわけですね。

郡　当社ではお客様の新規比率を50パーセントにするという目標を立てています。まだ実現できていませんが、40パーセントを超えた店舗もあります。一般的な呉服店の新規比率は10パーセント程度ですから、この数字は胸張ってもええんやないかと思います。

内田　郡さんの好きな言葉が「有言実現」。まさに言ったことを実現した例ですね。

郡　着物を楽しむのは大変でもあるんです。着付けをはじめ、基本的な知識が必要ですし、価格も決して安くはありません。お客様にはそうしたハードルを乗り越えていただかなくてはならない。ただ、こちらでそのハードルを低くして差し上げることはできます。当社では各店に着付け教室を設置し、また、「プレミアろまん友の会」という積立会員制度にも力を入れています。12ヵ月分の積み立てで10パーセントのボーナスがつくというもので、たとえば月1万円コースなら、12回の積み立てで元金12万円に10パーセントのボーナスがついて13万2０００円のお買物ができるんです。

内田　高価な着物が手の届くものになるんですね。御社が展開している店舗は現在、いくつあるんですか。

郡　着物専門店やフォトスタジオが24店舗（グループ企業含む）、着付け教室が7教室です。着物ショップもお客様のニーズごとにブランディングしています。初心者から愛好者まで総合的にカバーする「きもの満足館」「和優館」「舞ＳＴＹＬＥ」、大人のための和のセレクトショップ「百花」、カジュアル感覚で着物を楽しんでいただける「小町カレン」です。

また、振袖や七五三のレンタル衣装も揃え、ヘアメイクから着付け、写真撮影までワンストップで提供するフォトスタジオ「FIRST STAGE」は、当社の中核事業になっています。これらに加えて、ＢtoＢの袴レンタル事業も急成長中で、取り扱い店舗は40店を超え、今後本格的なＦＣ事業として展開予定です。

夢は着物業界を「成長産業」に変えること

内田　店舗すべてが着物を身近なものにする工夫がされているわけですよね。イメージを一新したお店でお客さんに着物との接点をつくり、着物を身近なものに感じてもらう。さらに着物にまつわる敷居の高さを低くしていくシステムを構築した。それが新規のお客様の獲得につながり、着物ファンを増やしていく。この流れができれば、市場は衰退するどころか成長させることだって可能ですよね。

郡　新しいお客様をつくる努力を丁寧に続ければ、悪い流れを食い止めて市場拡大を図ることはできると思うんです。着物は日本の伝統産業であり文化でもある。こんなことを言ったら偉そうに聞こえるかもしれませんが、着物が売れなければ、我々小売業者だけでなく、川上におられる織物屋さん、染物屋さんなども苦しくなるし、技術の継承も難しくなる。それを防ぐために少しでも力になりたいという思いもあります。

内田　郡さんは、会社の目標として大きな数字を掲げていますよね。

郡　グループとして２０２２年までに売上50億、その５年後の２０２７年には１００億で、ともに経常利益率10パーセントを達成しようと思っています。１００の事業を生み出し、１００人のトップリーダーを創り、１００年続く企業にするという「Our 100 vision」を中期ビジョンに掲げています。

内田　着物業界で今どきそんな数字をぶち上げられる人は郡さん以外にはいない。着物業界の風雲児といわれているけど、むしろ革命的経営者ですね。

郡　いやいや、今は会社のことで精一杯で、業界のことまでは……。

内田　最後に社長として、心がけていることを聞かせてください。

郡　当社の社是は「笑顔創造企業」です。これは、「当社に関わっていただいたすべての方に笑顔になっていただきたい」ということです。小売業、サービス業としてお客様を笑顔にして差し上げることはもちろんですが、その前提となるのは従業員が笑顔で生き生きと働いてくれることだと思っています。仕事へのモチベーションを高めるための表彰制度や、自主性を重んじたプロジェクトチームの活動などに積極的に取り組んでいます。また、創業以来ずっと続けていることに、従業員の誕生日のメッセージがあります。

「誕生日おめでとう。入社してもうすぐ1年ですね。この1年、いろいろあったと思うけど、よく頑張ってもらいました。心より感謝！」

内田　手書きなんですね。これを社員の方たちに送っているんですか。

郡　ファクスですけどね。パートさんを含め全従業員に送っています。こんなことでも従業員が笑顔になってくれたら、と思っているんです。

内田　これを見て改めて思いました。郡さんは細やかな気遣いで人の心を鷲づかみにしてしまう人なんだと。郡さんなら着物業界を成長産業にすることができる気がしてきました。着物業界に新たな風を起こすトップランナーとしてのご活躍、期待しています。

3
FILE

すごい！POINT

1. 衰退産業といわれる着物業界で増収増益を続ける高い成長性！
2. きもの事業を軸にした多角化で、グループ経営拡大中
3. 従業員全員に手書きの誕生日メッセージを送り、モチベーションを高める心遣い

UCHIDA'S EYE

お客様に対して「着物を売るのが目的」ではなく、「感動してもらい、喜んでもらうのが目的」と言い切る郡社長の逆転の発想が、着物業界の旧弊を打ち破り、見事成功に導いた。その手腕には感服。そしてその戦略を支えるのは、一言で言えば、社員とお客様に対する愛情と思いやりにあると強く感じた。

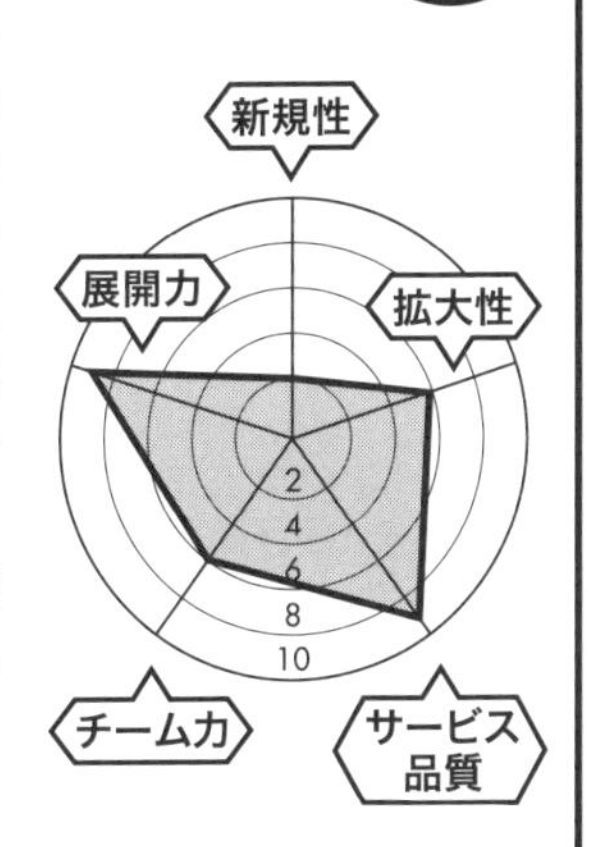

PROFILE

株式会社 ビジョン

Vision, Inc.

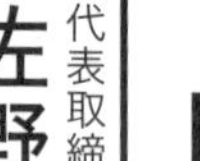

代表取締役社長
佐野 健一
さの けんいち

事業内容：**グローバルWiFi事業（国内・海外）、情報通信サービス事業など**
設　立：**1995年6月1日**
資本金：**23億4737万6400円**
従業員数：**597人（海外含む）**

佐野健一：1969年鹿児島県生まれ。株式会社光通信でトップセラーとなり要職を歴任。1995年に富士宮市で有限会社ビジョンを創業、2012年にグローバルWiFiをスタート。

所在地：〒163-1305 東京都新宿区西新宿 6-5-1
新宿アイランドタワー5階
TEL：03-5325-0200 ／ FAX：03-5325-0203
HP：**https://www.vision-net.co.jp/**

営業＋コンシェルジュで営業効率4倍、お客様第一主義で成長

最新技術を利用したウェブマーケティングを推進する一方、外回り営業マンは営業に専念、コンシェルジュという名の内勤営業スタッフがコールセンターで営業フォローする独自のスタイルで営業生産性を他社の4倍にした。成功したOA機器販売ビジネスモデルをグローバルWiFiなど新商品・サービスに展開、世界市場で活躍中。

富士市で外国人労働者のための通信サービスを起業

内田　海外でインターネット通信が簡単にできる「グローバルWiFi」が話題の御社ですが、もともとは国際電話加入取次からスタートし、どんどん業容を拡大して来られたようですね。起業されたときのことからお聞かせください。

佐野　僕は光通信という会社に4年半勤め、当時のさまざまな事業本部長を歴任した

んですが、もともと自分で起業しようと決めていました。当時はインターネットが普及を始めた時期で、コミュニケーションは今後形が変わって発展していき、新しい事業領域になると思いました。ちょうどその頃、静岡支店に出張したとき、新幹線の中から富士山が見えました。めちゃくちゃきれいで素晴らしい。そこで新富士駅で降りて、そのまま不動産を仮契約しました。直後に会社を辞め、富士市に引っ越しました。

内田　いきなりですか！　富士には何かご縁があったんですか？

佐野　全く何もありません。富士山のある景色を毎日見ていれば、初心を忘れないだろうと直感したんです。住んでみると、そのあたりは工場が多く、外国人労働者がたくさん働いていました。学生時代にサッカー経験がある僕は、せっかく静岡に来たんだからと地元サッカーチームに入ったんですが、チームメイトはみんなブラジル人でした。仲良くなって話を聞くと、2つの悩みを抱えていることがわかりました。

　ひとつは差別です。南米からの労働者は開拓移民として海外移住した人の三世が多いんです。日本人が外国人に慣れていないこともあり、差別的な言動で悩んでいる人がたくさんいました。もうひとつは国際電話料金の高さです。みんな家族に3日に1回くらい電話するんですが、国際電話料金が勤務先の給料の三分の一以上、月に5～

10万円くらい使っていました。

　そこで僕の通信事業ノウハウを生かして何かみんなのためにできないかと考え、国際電話の取次を合理的に運営して通話料金を安くし、コールセンターでアルバイト雇用を増やすことを思いつきました。大手通信事業者と交渉して、格安国際電話サービスを、30人くらいの規模のコールセンターで始めたのが最初です。１９９５年に始め、翌年には売上10億円、利益2億円を上げるまでに事業が伸びました。

国内法人市場でOA機器販売と通信事業を展開して拡大

内田　それだけの潜在需要があり、ほかの業者よりも通信事業のノウハウに長けていた。しかも外国人労働者の多い土地柄で働く人の気持ちがわかっていたからこその成功ですね。その後事業はどんどん追加されていきますね。

佐野　国際電話ビジネスは過当競争になっていて、値下げ競争が限界にきていましたから、これは最初から長続きしないと思っていました。そこで国内法人市場での成長を目指し、ＯＡ機器販売を東京の子会社で始めました。一方、これからの市場拡大にはインターネット活用が鍵になることが明らかでしたから、２００４年頃からインターネットを利用したマーケティングを始めました。2002年には本社を東京に移転し、その後OA機器販売子会社を吸収して現在の株式会社ビジョンになりました。
国内法人向け事業に完全に転換しましたが、外国人の仲間たちと外国人のために仕事をした経験は、たとえば現在推進しているグローバルWiFiサービスなど海外との交渉が多い事業に役立っていますし、人事・労務面でも外国人が気持ち良く働ける環境づくりにも反映されていると思います。

内田　事業の転換期は、インターネット事業への注力を始めた2004年頃ですね。

佐野　その頃から、インターネットを活用しておもにスタートアップ企業やベンチャー企業の

お客様を集客し、外回り担当の営業スタッフが訪問して契約を獲得するスタイルに転換していきました。これが現在につながる大きな転換点ですね。

法人市場を開拓するにあたって、僕たちも小さな田舎のオフィスから始めたことを忘れず、小規模でも夢をもっている企業を支援したいと思ったんです。お客様が求めるものは何でも僕たちが提供しようと。

お客様は今必要なものはわかっているかもしれませんが、次に何が必要かは明確でないかもしれません。僕たちは電話回線を引きたいお客様には安いビジネスフォンを提案し、ビジネスフォンが導入されたら低価格なインターネット回線を提案し、さらにコピー機、携帯電話、セキュリティ製品、ホームページ制作まで、会社の成長フェーズで必要になるものを、適時に提案して営業を継続していきます。しかも提供する商品やサービスは、全部他社よりも安い。またお問い合わせには社内のコールセンターによるコンシェルジュサービスで迅速に適切に答える。こうした仕事の仕方で、既存のお客様が新しい何かが欲しくなったらまずお声がけいただけるようになりました。し、繰り返し当社をご指名してご購入いただける「ファン」になってくださるお客様も多くなりました。

内田　スタートアップ企業やベンチャー企業にターゲットを定めた理由は何ですか？

佐野　大企業だと1万人の社員がすぐに2万人になることはないですが、ベンチャーだと5人が10人、20人へと倍々に増えていきます。最初は小規模でも、ずっと当社をご利用いただければ長期的には大きな収益が見込めます。しかも今はスタートアップ企業の社長の能力は以前に比べて高いですよ。書籍やセミナー、各種の会合などで経営を勉強できる機会が多いし、ベンチャーへの金融機関の支援もかつてより手厚い。政府も起業を奨励していますし、倒産するケースは少なくなりました。

他社よりも安く商品・サービスが提供できる秘密は？

内田　スタートアップやベンチャー企業はオフィス移転や新設などの機会も多いですからね。投資余力が限られていますから安さは重要な条件です。御社がどの商品・サービスでも安くできるのはなぜですか？

佐野　営業生産性を追求した結果ですね。当社は商品の粗利は他社水準の半分位にしているんです。当然販売価格は他社より安くなります。そのかわり数を売る。たとえばコピー機販売のケースでいいますと、一般的に営業ひとりが月に4台売れば優秀といわれます。しかし当社の外回り営業は月に16台以上を売っています。粗利は半分でも、4倍売れれば利益は2倍です。

　他社の営業は、たいてい売れるところに高く売るのが基本です。当社は逆に、高く買ってくれるところがあっても、一定以上の価格で売ってはいけないルールがあるんです。粗利2分の1で設定した価格の値引きはあり得ても、上限を超えて売ったらペナルティ。そのほうが、長期的に見ればお客様満足度を上げ、収益につながると考えているからです。

内田　そうはいっても他社の営業の4倍売るなんて、まるで魔法じゃないですか。

佐野　魔法じゃなく、ちゃんと売れる営業の仕組みをつくったからです。営業スタッフにはすべての絶対時間数を営業に当てよと言っています。営業は1日8時間の稼働で月に160時間しか使えません。そのなかで余計な時間を費やさないように工夫しています。

内田　たとえばどんな営業方針や施策が効いているんですか。

佐野　ひとつはウェブマーケティングの洗練、2つめに独自の営業体制による高生産性、3つめに商品・サービスの熟知ですね。

ウェブマーケティングの洗練で顕在ニーズをつかむ

佐野　当社のウェブマーケティングは、営業責任者としての経験がある社員が、その販売ノウハウをベースにウェブマーケティングの企画や運用を自社スタッフ中心に行っています。お客様の考え方を理解したうえでサイトを作りますから、お客様がサイトを見て商品やサービスの導入意欲が刺激されるような内容にできるんです。すると興味をもってお問い合わせをいただく可能性が高くなる。また最新のツールを利用してアクセスを分析して、より集客力があるターゲティング広告を出したり、お問い合わせが増えるようにウェブコンテンツを改善したりと、常にウェブを洗練させる努力をしています。

内田　たいていの会社は外部のマーケティング会社などに外注しますよね。そうでなくても営業とは異なる専門チームがやっている。営業経験者みずからがウェブ構築、ウェブマーケティング企画をされているのは珍しいケースかと思います。

佐野　単にリテラシーの問題ではなく、制作側の意図、企画側の意図、営業の意図が一致しないとウェブマーケティングはうまく機能しません。その調整は営業の責任者を経験しているからこそできること。社内チームだからチーム力で成果が出せる。
実践的な営業ノウハウを生かしたウェブマーケティングを行うと、こちらが出向かなくてもお客様のほうからアプローチしていただける機会が増えるんです。そういうお客様は、何らかの商品やサービスの導入意欲をもっておられる、いわばニーズが顕在化したお客様です。そんなお客様に営業スタッフが出向いて営業活動すれば、成約の可能性が高いわけです。飛び込み営業で「こんな商品があります」と説明して潜在ニーズを掘り起こすのは大変な手間が要りますが、そのための時間と労力を節約できることは、営業生産性の向上につながります。ちなみに現在ではお客様の7割強から、インターネット経由でお引き合いをいただいています。

営業活動のフォローはコンシェルジュが担当

内田 営業生産性を上げる2つ目のポイントが営業体制ですね。

佐野 当社では外勤・内勤の営業スタッフがいます。外勤営業スタッフはお客様を訪問して商談しますが、そのスタッフが訪問営業活動だけに専念できるようにしたところがポイントです。

一般に営業スタッフは担当するお客様が増えるとアフターフォローの負荷も高くなり、だんだん新規のお客様を獲得する余力がなくなってきて販売数が落ちていきます。当社ではアフターフォローは社内のコールセンターを活用したコンシェルジュサービスが行うことにしました。コールセンターには約90名のスタッフがいますが、実質は内勤の営業スタッフです。単なるコールセンターのオペレーションだけでなく、ちゃんと商品やサービスに対する知識をもち、お問い合わせに迅速に答えることができるスキルを養成しています。

もちろんコンシェルジュサービス運用にはコストがかかりますが、そこでもITツールを利用しながら業務効率化を徹底して行っています。またウェブからのオーダーや、既存のお客様の追加オーダーなどをコールセンター部門の収益とし、コストを相殺する工夫をしています。

さらに、新しくできた会社などに対してのアウトバウンド営業活動もコールセンターの仕事です。ウェブマーケティングが顕在ニーズをキャッチするのに対して、こちらには潜在ニーズを掘り起こす役割があります。

内田　営業スタッフが余計な負荷と感じるような仕事を、ウェブマーケティングや効率的なコンシェルジュサービスによって肩代わりしたというわけですね。

商品・サービスを熟知した提案営業と迅速なお客様対応

内田　このようにうかがってくると、３つ目に商品・サービスの熟知がポイントになることはよくわかる気がします。

佐野　商品・サービスの熟知は、どの業務部門においても必須です。豊富な商品・サービスの全体について詳しい知識がないと、お客様に即座に対応できませんし、適切な提案もできません。

先ほどお話ししたお客様の成長フェーズに合わせた提案ができるのも、営業スタッフが自分の担当以外の商品・サービスについて熟知しているからこそなんです。自分でわかることなら自分でお客様に対応しますし、対応できない部分は、適切な営業スタッフをアサインしてお客様を訪問できるようにアポイントを入れるようにしています。実は当社には、この部署にこの商品が入ったら、次はあの部署にあの商品が必要になるというナレッジがあるんですね。それをルール化して、営業が継続していくようにしています。するとお客様の満足度が上がり、獲得率が高くなっていきます。

コンシェルジュサービスにおいても、特定商品・サービスだけでなく、多岐にわたる知識が必要です。それを熟知するように指導しているからこそ、問い合わせ窓口を一本化できるわけです。どんなことでもコールセンターへの電話1本で、すぐに対応できる体制にできたのは、スタッフが単なるオペレーターではないからです。

内田 安さの理由がわかると、新しい起業家に人気があるのも納得です。

佐野 日本では毎年10万社くらいの新会社が誕生しています。そのうち1万8000社、およそ6社に1社が当社の何らかのサービスを使っていただいています。現在は北海道から沖縄まで11の拠点があり、どの地域でも対応できるようになりました。

当社はネットで販売を完結するEコマースの会社ではなく、お客様への訪問営業が基本。お客様固有の細かいニーズは訪問してみなければわからない。たとえばコピー機の機種やオプションだって、会社ごとに最適なものが違います。創業のときに、外国人労働者の方々の困っていることを聞き取って解決したように、今は起業して事業拡大しようとしている企業の課題を聞き取り、解決のために適切な商品やサービスをお勧めして課題解決を図っているわけです。

長期的にお客様に任せてもらえる会社が強い

内田　競合する会社はいくつかあると思いますが、御社のような営業生産性をもつ企業は少ないように思います。他社とのいちばんの違いは何でしょうか。

佐野　業界の仲間ともよく話すんですが、このような営業効率化ができるかどうかは企業文化の問題だと思います。僕は社内に文化を育てる努力をずっとしてきました。入社段階から、当社の仕事の考え方が教育されますから、それをみんな当たり前と思っている。それが文化です。社員全員が文化を共有しているので、お客様に対応する営業スタッフやコールセンタースタッフは、みんな同じように迅速で適切な対応ができる。それがお客様に信頼していただける理由だと思っています。

お客様に「これとこれについてはビジョンに任せている」という感覚をもってもらえると、競合は入り込みにくくなるんですね。複数の商品やサービスを利用していただくと、価格が選択基準でなくなる場合もあります。

内田　社員のモチベーションが高くないと、信頼の継続ができませんよね。

佐野　そうですね。ビジネスが成功していると営業は辞めませんね。安心して働ける環境づくりのために、これまで課題をひとつひとつ解決してきました。でも最も大事なのはお客様に喜んでもらえるケースが圧倒的に増えていること。社会の役に立っている実感がモチベーションを上げています。

なかには伸び悩んでしまうスタッフもいますが、新しいビジネスを立ち上げるときに、強力なリーダーの下にそうしたスタッフをつけてチームを作るとグングン成長していきます。グローバル WiFi 事業はそのようにして成長した事業の一例です。

内田 海外渡航者向けのグローバルWiFiや訪日外国人のための NINJA WiFi は好調のようですね。

佐野 海外の渡航時に困っていることを解決するのが当社の役目ですから。Wi-Fi ルーターレンタルサービスは2016年の1年間で192万人にお使いいただき、1344万泊分のレンタルをしています。この利用者数を生かし、今後は翻訳機のレンタル、レストラン予約サービスを追加するなど、周辺にどんどんサービスを拡張していきます。

内田 こちらもOA機器販売と同じように粗利を抑えて営業効率アップで拡販するビジネスモデルを踏襲しているわけですね。本日はありがとうございました。

4
FILE

すごい！ POINT

1. 使える絶対時間数のすべてを営業活動に充当
2. 集客力の高いウェブマーケティングで顧客からアプローチさせる
3. 販売後のフォローはコンシェルジュが担当
4. 粗利は2分の１だが４倍の量を売る販売
5. 商品・サービスを熟知したチームで対応

UCHIDA'S EYE

富士山にみとれて25歳で起業。日本一を目指す気持ちを忘れないという意識が尋常でない。ビジネスに対して「自分がやりたいことか？」「自分がやれることか？」「自分がやらないといけないことか？」とシンプルに問いかけ、やると決めたらお客様の満足と自社の収益アップを同時に満たし、ますますお客様から愛される仕組みを作った。

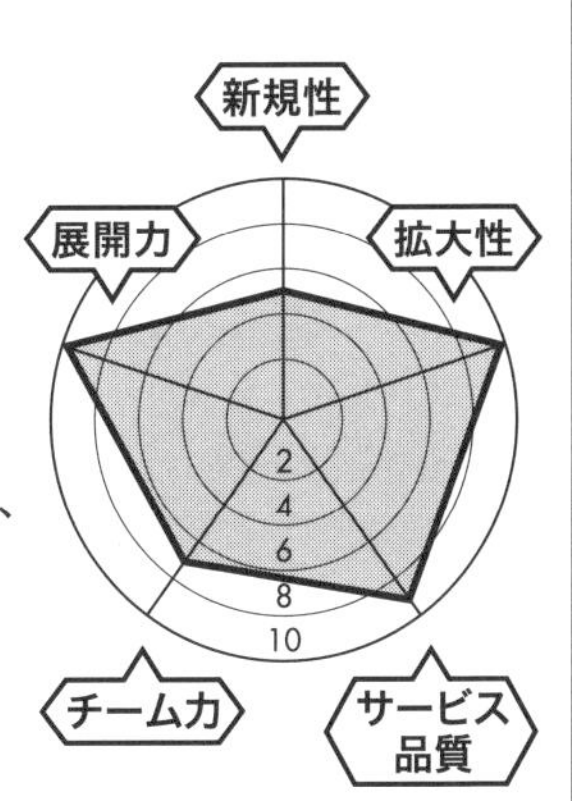

5
FILE

PROFILE

株式会社ウィルゲート

Willgate, Inc.

専務取締役 共同創業者

吉岡 諒

よしおかりょう

事業内容：**コンテンツマーケティング事業、メディア事業**
設　立：**2006年6月20日**
資本金：**6000万円**
従業員数：**123名（2017年3月）**

吉岡 諒（よしおか りょう／写真右）：代表取締役社長の小島氏と二人三脚でウィルゲートを創業。一人ひとりが「will」（意志、想い）を実現できる社会を目指す。
山中 諭（やまなか さとる／写真左）：執行役員

所在地：〒150-0002 東京都渋谷区渋谷 3-12-18
渋谷南東急ビル 2F
TEL：03-6869-0631／FAX：03-6809-0332
HP：**https://www.willgate.co.jp/**

記事特化型のクラウドソーシングを活用し最適なコンテンツマーケティングを推進

すでにビジネスの重要チャネルとなった企業ウェブサイト。その運営の巧拙は時に事業の消長を左右する。ウェブマーケティングのなかでもますます重要性を増しているのが、結果を出せるコンテンツづくりだ。クラウドソーシングを活用し、企業の目的に沿って効果的に高品質コンテンツを提供し続けるためのサービスが動き始めている。

20歳でウェブマーケティングに転向

内田　御社は成長ベンチャーのためのウェブマーケティング支援を主軸に急成長中と聞いています。なかでもコンテンツマーケティング支援事業でこれまでにないコンテンツ制作のモデルをつくりあげたそうですね。ここに至る経緯からお聞かせください。

吉岡　社長の小島と私は小学校からの幼馴染みで、当時はスポーツチームのキャプテン・副キャプテンとして全国大会を目指す仲でした。小島は東京の慶應義塾高校に入学して、当時まだ日本に店舗がなかった「Abercrombie & Fitch®」などのアパレルを扱うネットショップを立ち上げていました。やがて2人揃って慶應義塾大学経済学部に入学し、私は小島に誘われて彼のマンションに同居して起業することになりました。

ところが私たちにはインターネットのマーケティングのノウハウもなければ資金もありません。当時はスタートアップ企業に対して親身になってマーケティング支援をしてくれる会社も少なく、逆に虎の子の資金を騙し取られるようなこともありました。そこで2人で必死にウェブマーケティングを研究し、当時でも数万円はした専門セミナーにも日々の生活を節約しながら通いました。

それを続けて1年余りで売上が作れるようになりましたが、自分たちのネットショップを拡大するよりも、当時の私たちのような、目標もあれば気概もあるのに資金やノウハウがなくて起業や事業拡大ができない企業の「想いや意志（＝will）」を実現するための支援をしたいと思うようになりました。そこで、初期投資額が限られるお客様でも利用しやすい、インターネットを活用したマーケティング支援会社としてウィルゲートを設立したのです。これが２００６年のこと。私も小島も20歳でした。

SEOコンサルティングで急成長

内田　最初はネットショップのためのウェブマーケティング研究から始まり、やがてウェブマーケティングを本業にしようと決意されたんですね。

吉岡　会社設立前は両にらみだったのですが、ウェブマーケティングのなかでもSEO（Search Engine Optimization＝検索エンジン最適化）事業が急速に拡大し、そちらに資源を集中しようと会社を設立したわけです。

内田　SEOコンサルティングというのはどういうものですか？

吉岡　現在、日本の広告市場は約6兆円、そのうちインターネット広告は約1兆円、その中で検索エンジン連動型広告（リスティング広告）は3000億円ほどを占めています。つまりキーワードを入力して表示される検索結果に付随して出る広告が非常に重要視されているわけですね。リスティング広告は検索結果ページの上部に表示される広告なんですが、これはキーワードごとの入札制ですから、お金をかけなければ広告を露出させることができません。そのため、広告投資余力の少ない企業にはお勧めできない手法です。

一方、その広告の下には、グーグルなどの検索エンジンが独自の基準（アルゴリズム）でランクづけをしたウェブページへのリンクが、ランキング順に並びます。これは広告ではないので無料です。検索結果ページの上位に表示され、かつ複数のキーワードで上位表示が実現できればリスティング広告以上の効果を生むことができます。

つまり、検索エンジンサービスを提供しているGoogleの基準に沿って、上位にランキングされやすいウェブページを作成すれば、それは広告出稿同様の効果を生むわけです。これがSEOです。

コンテンツの質と量を重視

内田　検索エンジンのランキング基準を推測して、それに沿ったコンテンツを作成することで、お客様を自社ページに誘導しやすくなるというわけですね。しかし、なかには検索エンジンの裏をかくような手法もあるようですね。
吉岡　SEOでは、「ページの内容＝コンテンツの質」が重要です。基本的には、ほかのサイトに引用される（リンクを張られる）ことが多いサイトは、それだけ良質と考えられるので、検索エンジン側も他サイトからのリンクの張られ方をランキングの一要素にしています。ですから、ほかの有力サイトから注目され、引用されるような役に立つ内容でなければなりません。

以前はただ単に被リンクを増やすだけで上位表示されていました。

現在は検索エンジンのランキング基準が改善され、被リンク数以外の指標も重要になっています。特に2012年以降は、コンテンツそのものの品質に重点が置かれるようになり、リンクを張るサイトについてもガイドラインに反する場合は排除する仕組みが盛り込まれていますので、以前の外部リンクを増やすだけの手法は廃れてきました。

内田　なるほど。真っ当にコンテンツの良し悪しがランキングに反映されるようになってきたわけですね。とはいえ、内容が良いだけでは不充分で、うまくキーワードを入れこんで、検索ランキング上位に入るようにしなければなりませんよね。

吉岡　そこにはやはり技術があり、ランキング上位になりやすいワードの割り振りやリンクの仕方などを分析して内容やページ・サイトの構造を工夫しています。SEOノウハウを加味して良質の記事を企画・制作し、データ解析により最適なコンテンツに改善していく。それがSEOを成功させるうえで大切なことです。

私たちは実際のネットショップを運営しながら、また他社のマーケティング支援をしながら、SEOを丹念に研究してきました。

たとえば、ランキング上位に表示するために、サイト内にどのようなテーマのコンテンツを作成すればよいのか、ウェブページにはどのようなキーワードやトピックスを含めると評価が上がるのかなどをいくつかのパターンで検証し、実践的にノウハウを積み上げてきました。

近年は単純にキーワードを記事に盛り込むだけでは思うように効果が得られないため、検索ユーザーがどのような意図で検索しているかを考慮して、どのようなコンテンツを作成したら、よりSEO効果が出るかを調査しています。

こうした活動をベースにしたSEO支援をか

郵便はがき

料金受取人払郵便

麹町局承認

8508

差出有効期間
平成29年12月
31日まで

上記期日までは、
切手を貼らずに
お出しください。

102-8790

102

東京都千代田区飯田橋2-1-4
九段セントラルビル803

万来舎 行

「すごい！ビジネスモデル」
読者プレゼント係

フリガナ

お名前　　　　年齢　　　歳　　　性別　男・女

ご職業（会社名・大学名）

フリガナ

ご住所　〒　　　　都道府県

お電話　　　（　　　　）

Eメールアドレス

◉ご記入いただいた個人情報は、プレゼントの発送及び出版物の資料目的以外で使用することはありません。　**（応募締切：2017年12月31日消印有効）**

読者カード　　プレゼント企画にご応募いただきましてありがとうございます。

10社の社長からとっておきの商品をプレゼントさせていただきます。欲しいと思う会社に☑印を入れてください。**おひとり様1社のみとさせていただきます。**

1	**福島電力**	● 電気料金1ヵ月分無料クーポン（3名）	□
2	**サンクレスト**	●「KUSUKUSU」の多機種対応スマホマルチカバー（20名）	□
3	**京ろまん**	●「ファーストステージ」で使える振袖レンタル割引クーポン（10名）	□
4	**ビジョン**	●「グローバルWiFi」利用割引クーポン（30名）	□
5	**ウィルゲート**	●「サグーワークス」の1記事無料クーポン（1名）	□
6	**ESSPRIDE**	●「OYATOOL GIFT」コミュニケーション菓子詰め合わせ（1名）	□
7	**Skin's Language**	● オリジナルチーフ（40名）	□
8	**リスティングプラス**	● リスティング広告のセミナーDVD（5名）	□
9	**水戸大家さん**	● 峯島忠昭の不動産投資の本（10名）	□
10	**保険営業マン**	● 大川悠人のランチクーポン（10名）	□

◉ **「すごい！」**のシリーズ化にともない、**「すごい！人」**を募集しています。
企業経営者や医師などの専門職の方、自薦他薦を問いませんが、**すごい点**を簡単にお書きください。編集部で検討の上、ご連絡させていただきます。

お名前　　　　　　　　　　会社名（所属）

すごい点

本書についてあてはまる項目に☑印を入れてください。（いくつでも可）

- 面白かった □　• 勉強になった □　• 次も読みたい □
- プレゼントがよい □　• その他（　　　　　　）□
- 1～10でどこの会社の話がよかったですか。番号をお書きください。

□ 番

ご協力ありがとうございました。

れこれ11年続けており、現在までに延べ3600社の企業のウェブマーケティング支援を実施しています。

コンテンツマーケティングを最適化

内田 そうはいっても、SEOを意識したコンテンツを自社でつくるのはノウハウも要るし、時間もかかるし、大変ですよね。ウェブページ制作のアウトソーシングは一般化していますが、記事そのものにSEOを施しながら書くノウハウは、一般的なウェブデザイナーやライター、編集プロダクションにもなかなかありません。

吉岡 そこがお客様の悩みどころです。つくりたい記事はあっても、それを書いてくれるライターとのつながりがないのです。プロのライターは高額になりますし、そもそも信頼できる編集プロダクションやフリーランスのライターを知らない。そこでインターネットを介して、おもに副業としてライティングをしてくれる人を当社が集め、記事作成をしたい企業とのマッチングを行うビジネスを始めました。「サグーワークス」という、記事作成に特化したクラウドソーシングサービスです。

内田 クラウドソーシングは、オンライン上で仕事の受発注ができるサービスのことですね。主婦や学生、時間に余裕のある会社員などの副業を望む人の人気を呼び、目下、ぐんぐん成長している市場ですよね。

吉岡　そのとおりです。クラウドソーシングはここ5、6年で1500億円くらいの市場規模になっています。その中で約2割が記事作成などのライターの仕事です。発注企業側には、つくりたい記事を最適なライターに依頼したいというニーズがあり、世の中には副業として在宅でもできる仕事で稼ぎたいというニーズがあります。

ライティングは日本語が書ければできる仕事。ソフト開発などとは違って特別なスキルが必要なく、自分の得意なジャンルなら多くの人が一定以上の知識を有しているので、人材の層はすごく厚い。書き手の専門領域や得意分野に応じて、数ある仕事の中からふさわしいものを選んで依頼すれば、発注者も最適なコストで記事作成ができ、書き手もそれほどの労なく報酬を手にすることができます。

集客力の高いコンテンツは売上／利益に直結

内田　たとえばどんな事例がありますか？

山中　弊社が支援した株式会社ライフスタイルデザイン様は、オウンドメディアを運営開始してから1年で、毎月100万人ほど集客できるようになりました。オウンドメディアの目的はLaFabricという自社ブランドの認知拡大やオーダースーツなどメンズファッションの自社商品の通販に繋げることです。これまで、オーダースーツを作る際の方法や注意点など、広告ではなく一般的な記事を300本ほど作成していま す。もちろんSEOを意識して作成していますから、たとえば「礼服」と検索すると、紳士服の大手販売会社が数ある中で、検索結果のいちばん上に、そのオウンドメディアの記事が表示されます。そのほかにも「結婚式　スーツ」と検索すると、「お祝いの席にふさわしいスーツ」というような記事が検索上位に出てきます。成果としては売上全体の3分の1以上がオウンドメディア経由となっています。

記事作成の費用対効果の考え方を具体的にお話ししますと、1記事を作成し、それをオウンドメディアに掲載した結果、その記事に年間1万人が訪れたとします。1本の記事作成に2万円をかけたとすると、1人当たり2円で集客できたことになります。仮に100人に1人が粗利1万円の商品を購入した場合、集客コストを除くと9800円の粗利が残る計算になります。

しかも広告のように、1回出稿して掲載期間が過ぎれば終わりではなく、コンテンツを消さない限り、また検索エンジンのランキングの仕組みが大きく変わらない限り、この記事が半永久的に集客をしてくれます。コンテンツマーケティングは成果が出るのに時間はかかりますが、コンテンツが資産になるので費用対効果の良い集客方法といえるのです。

内田 なるほど、集客力のあるコンテンツは売上と利益に直結するわけですね。現在はサグーワークスをどのくらいのお客様が利用されているんですか?

山中 2012年の12月にサービスを開始して、現在までに取引企業は約1500社を数えます。だいたい月に数十社が新しく契約されている状況です。また、ライターさんは16万人以上の方が登録されていて、月間で約5万本の記事を作成しています。

内田 驚くべき急伸ですね。16万人の登録ライター全員に仕事がゆきわたるんですか?

山中 実際に報酬が発生しているライターさんはひと月に3000~5000人くらいです。ライターさんにはそれぞれの専門性や、スキルレベルに違いがありますから、適切な人を当社が選んでアサインするようにしています。年齢、職業、経験などのライター属性をデータベース化し、機械学習技術も利用しながら最適なマッチングができるように日々工夫を重ねています。

記事の品質を担保するための仕組み

内田　先般、大手メディア事業会社のサイトで著作権違反や不適切な内容が指摘され、多くのサイトが閉鎖された事件がありましたね。記事のクオリティや内容の正確さはどのように担保されているのでしょうか？

吉岡　問題になったサイトでは、プラットフォーム型のクラウドソーシングサービスを利用して、記事作成を1文字1円以下で発注していたようです。プラットフォーム型のクラウドソーシングの場合、発注者とライターが直接やり取りを行うため、品質を担保するプロセスがありません。内容の妥当性の判断はもちろん、他サイトの内容のコピー&ペーストも発見できず、記事公開後に外部から指摘される事態になったわけです。

これに対して、当社ではライターをレギュラー／ゴールド／プラチナの大きく3レベルに分け、さらにそれぞれを細かく階層化して単価を決め、良質な記事を作成できる人の単価がより高くなるように設定しています。最上位のプラチナランクになるには独自試験に合格しなければなりません。合格率は1パーセント程度です。報酬の多いライターは当社のウェブページに常時掲載していますが、月に50万円以上を稼いでいる方もいます。また、特に専門性の高い記事に関しては、社外の130職種・約20万人の専門家ネットワークを活用し、内容が保証できる記事を作成できるようにしています。

また、すべての記事は原稿が仕上がった段階で20名以上の社外の校正者が文章表現、ルール相違などをチェックしており、最終的に社内でも確認を行っております。

さらに他サイトの記事との類似度を、自社開発した重複チェックシステムで判定しており、他サイトからのコピー&ペーストでつくった記事はすぐにわかります。

内田　まるで編集プロダクションのようですね。単なる記事の受発注サービスにとどまらない、品質に責任をもつサービスであるところがポイントとなるのでしょうか。

吉岡　そうですね。記事作成ではSEOのノウハウを生かして、競合調査をしたうえでキーワードを選定し、読者や記事の方向性を踏まえた企画をしています。そして、品質を保つために禁止事項や細かいルールを設定してライターに依頼しています。

今後は登録ライターの属性をきめ細かく把握して、仕事とのマッチング精度をもっと高めていかなければいけません。こちらの意図を汲み取って適切な企画ができる人も必要ですし、その分野に精通している校閲者も重要になります。ゆくゆくはオンラインの編集プロダクションのように一気通貫でコンテンツ作成ができるようにしていきたい。しかも読者の何パーセントが商品を買ったかなどの行動データもとり、ユーザーに商品購買意欲などの態度変容を促していけるようなコンテンツマーケティングを展開したいと思っています。

倒産危機を乗り越えてたどり着いた行動指針

内田　創業者お二人の若さと事業の手堅さとのギャップに驚きますが、会社が成長してきた秘訣を教えていただけませんか?

吉岡　実は創業して間もなく倒産危機を迎えたことがあります。2期目を迎え、投資家から出資を受け、社員を10倍以上に増やして事業拡大に乗り出したときのことです。採用の際には、経験のある優秀な方がメンバーとして加われば、お客様にもっと価値のあるサービスを提供できるはずだと考えていました。しかし、当時の私たちは自分たちより経験も年齢も上のメンバーに対して、経営者として会社が大事にすべき価値観を明確に提示することができませんでした。その結果、業績が上がらず経営状態は悪化。離職者が次々に出て組織は崩壊寸前になったんです。その危機に耐え、回復させたのは、そんな状態でも会社にとどまってくれた倫理観と責任感が強い少数の仲間でした。この経験を機に、組織としての価値観を全員が共有するために経営理念を改めて明確にし、7つの行動指針を定め、「ＷｉｎＧ」と名付けました。これが私たちの現在の意思決定基準になっており、事業や組織の成長を支える柱になっているのだと思います。

行動指針のひとつに「いかなるときも『三方よし』を追求する」という項目があります。たとえばサグーワークスなら「クライアントよし、ライターよし、読者よし」、最後に「当社よし」ですね。クライアントには想定以上の効果を、ライターには充分な報酬を、読者には役に立つ情報を提供し、そして当社も成長していきたい。そのために、クライアントにはより高品質で信頼できる記事を提供していきたいですし、ライター報酬も3倍、5倍、10倍と上げていきたいと思っています。

内田　今回は特にサグーワークスについてお聞きしましたが、ウェブメディアを革新する試みだと感じました。徹底的に突き進んでください。ありがとうございました。

すごい！ POINT

1. 取引社数延べ3600社のマーケティング支援実績
2. 単なるマッチングではなく、品質を担保する受託型クラウドソーシング
3. 確固とした理念と行動指針で事業を運営
4. SEO対策ノウハウを記事企画と作成に反映
5. ライターの属性を把握し、適切にマッチング
6. コピペや不適切内容は厳しくチェック

UCHIDA'S EYE

創業者２人が二十代で倒産危機を迎えながらチーム力で復活した経験が、ウィルゲートの最大の強み。SEO対策からコンテンツマーケティングへ、独自の記事作成特化クラウドソーシングやメディア展開と事業領域を拡大する姿は、ITベンチャーの王道を歩むかのよう。それでもまだ31歳！ 行動指針を定めて事業・組織運営を行っており、理念経営を徹底する経営姿勢にも感動。

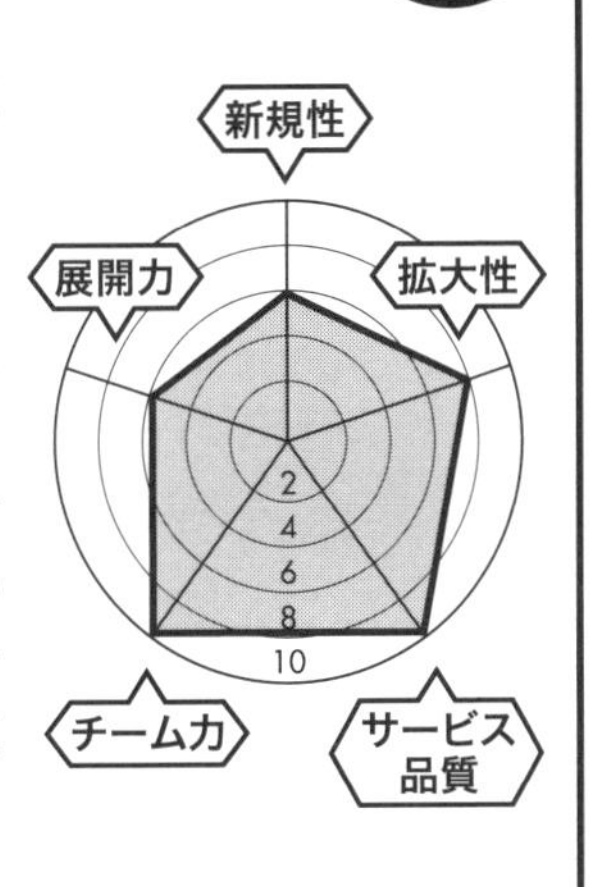

6
FILE

PROFILE

株式会社 ESSPRIDE

ESSPRIDE Inc.

代表取締役CEO
西川 世一
にしかわ せいいち

事業内容：**お菓子に新しい価値を見出すプロデュース業**
設　立：**2005年4月25日**
資本金：**7750万円**
従業員数：**120人**

西川世一：愛知県出身。高校時代は中京大中京で野球に打ち込む。ESSPRIDE 起業後は社長チップスや OYATOOL を考案。社会人野球「エスプライド鉄腕硬式野球部」のオーナー。

所在地：〒151-0051 東京都渋谷区千駄ヶ谷 3-17-11
TEL：03-3479-3610／FAX：03-3479-3620
HP：**www.esspride.com**

人を笑顔にするお菓子を創造

プロ野球選手のカードがおまけに付くポテトチップスはよく知られているが、この会社は、その社長版「社長チップス」をつくってしまった。社長を人気者にして会社のPRに繋げるだけでなく、手に取った人を笑顔にする。冗談のような商品を本気で開発して世に送り出し、成長を続けるエスプライド西川社長の経営手腕とは。

ダンボール製造会社の跡継ぎから

内田　御社が開発した商品で、最もインパクトがあるのが「社長チップス」です。プロ野球やJリーグの選手のカードがおまけに付いたポテトチップスは、すでに大手メーカーから出ていて人気を得ていますが、スターでもなんでもない会社社長のカードが入ったチップスをつくったと聞いたときは正直、ぶったまげました（笑）。実際、発売時は相当、反響があったらしいですね。

西川　２０１６年１月に発売したんですが、日本経済新聞に取り上げられたのをかわきりに、テレビ、雑誌、WEB媒体など50を超えるメディアで紹介されました。

内田　そんな冗談みたいな製品を商品化し話題を集めるだけでなく、登場した社長の会社の知名度アップや社内活性化、リクルートなど、さまざまな効果を生み出してしまう西川社長の発想力や実行力は本当にすごいと思う。「社長チップス」のことは後で詳しく聞くとして、お菓子の総合エンターテインメントのような事業を立ち上げたいきさつをお話しいただけますか。

西川　うちは家業が箱屋なんです。箱にするダンボールや厚紙などの梱包資材を製造販売していました。ぼくは19歳の頃からライブイベントをプロデュースするイベンターをしていたんですが、長男だったこともあって22歳のときに入社しました。ところが目の当たりにしたのは、この業界が置かれていた厳しい状況です。梱包資材って他社と差別化できる部分がほとんどない商品で、業界で生き残っていくには価格競争に勝つしかない。取引業者からは「5パーセント下げられなければ他社に乗り換える」などと言われますしね。それに対応するには、コストを切り詰めるしかないわけです。そんな状態では会社の未来が描けないじゃないですか。価格競争をしないで済むにはどうしたらいいか。それには付加価値をつけた商品やサービスを生み出すしかない、ということで、手がけることにしたのがＰＯＰ広告でした。

内田　小売店の店頭や商品のところに設置して、お客さんに商品のアピールをする広告ですよね。でも、それまでとは方向性が異なる事業だし、仕事を受注するのは大変だったのでは？

西川　それが意外に評判が良くて、パチンコホールやスーパーなどから発注をいただきました。ダンボールの加工は専門ですから、あらゆる注文に応じることができましたし、よく目立つということで。

内田　付加価値で勝負できるようになったわけですね。

西川　このとき、現在のお菓子ビジネスのヒントも得ています。ＰＯＰ広告で取引があった会社から競艇場の来場者プレゼントの制作を依頼されたんです。レースに出る6艇の色をイメージした金平糖をボート型のパッケージに入れたもの。もらったお客さんの反応も上々だったようです。そしてそのとき、頭に浮かんだんです。業種に応じたパッケージをつくり、それにお菓子を詰めたら、いいノベルティになるんじゃないかと。ノベルティで印象に残るものって意外に少ないじゃないですか。たとえば駅前で配るティッシュ。ティッシュとして使えるから、チラシよりは受け取ってもらえるけど、広告にあるお店やサービスを実際に利用する確率は低いと思うんですよね。

内田　確かに。ティッシュを使い終わったら、大体ゴミ箱行きだよね。

西川　でも、お菓子は違う。広告主の会社をイメージしたパッケージを開けると、お菓子が入っている。食べながら「ここ何の会社？」って思うはずです。

内田　そうした発想が生まれたのは、西川さん自身、お菓子が好きだからですか。

西川　大好きですし、お菓子には幼い頃の良い思い出があるからだと思います。3人兄弟で下に弟が2人いるんですが、ぼくだけアトピーだったんです。その関係でお菓子も食べられないものがあったのですが、母親がぼくだけ区別してはかわいそうだということで、アレルギーが出ないものを選んだうえで3人に同じお菓子をそれぞれタッパウェアに入れて、3時のおやつに出してくれた。子ども心にもそんな母親の気遣いはうれしかったですし、兄弟で仲良くおやつを食べたいい思い出が記憶に残っているんです。

内田　そういうお菓子に対する思い入れが、お菓子をノベルティにするビジネスが生まれるきっかけになったということですね。

おもしろパッケージとお菓子を合わせた新事業をスタート

西川　ただ、その時点で制作したことがあるのは競艇場の来場者プレゼントだけで、ノベルティ開発に、これといった実績はありません。そこでノベルティとしてウケそうなパッケージを実際につくってカタログにして、クライアントや広告代理店に見てもらうことにしたんです。

内田　サンプルのカタログですね。

西川　サンプルというより、そこに並んでいるパッケージを見れば、これまでウチの会社が作ってきた商品と思ってくれるかな、と。

内田　実績を自作したわけ（笑）。

西川　ぼくとデザイナーの2人で業種ごとのパッケージのアイデアを出し合い、作っていったら、100種類以上になりました。

内田　そのカタログ制作、大変だったでしょう？

西川　アイデア出しには時間がかかりましたし、それをデザインに起こし、実際に作るのも大変。さらに、それを撮影しカタログにしなければならないのですから、正直しんどかったです。広告業界の展示会に間に合わせたかったので、最後は徹夜の連続。疲労は極限に達して倒れる寸前までいきました。ただ、苦労して作った甲斐はあって、展示会では多くの方がカタログを見て興味を示してくださいました。カタログは１５００部作ったのですが、３日間の展示会ですべてなくなり、１７５０人の方から名刺をいただきました。

内田　それはすごい。私も相当多くの人と名刺交換するからわかりますが、とてもそこまではいきません。

西川　それもカタログがあったからです。ぼくらがやろうとしている事業を具体的にイメージでき、「こいつらおもしろいことにチャレンジしようとしているな」と思ってもらえた。また、受注もすぐにいただけました。それもクライアントは大手流通グループと自動車メーカーの販売店。自動車の販売店は、ちょうど新型車の発売があって、そのキャンペーンで配るノベルティでした。新型車の形のパッケージにお菓子を詰めたもので、印象に残ると、かなり評判が良かったようです。

内田　最高のスタートが切れたわけですね。いきなり、すごい実績もできたわけだし。当然、売上も順調に伸びていったんでしょ？

西川　お陰様で。しかし、その一方で、ストレスを感じるようにもなりました。

内田　というと？

西川　大企業から受ける仕事は間に広告代理店が入ることが多いんです。それもひとつではなく、二次代理店、三次代理店が加わることがある。ぼくらが接点をもつのは、この辺の代理店の担当者が多いんですが、かなり無茶な要求をしてくるんですよ。今日中に見積もりを出せとか、明日中にサンプルを作って持ってこいとか。

内田　わかります。そういうポジションの広告代理店って、妙に偉そうなんですね。

西川　それともうひとつ疑問に思ったことがありました。ぼくらとしては、クライアントに納品したノベルティが、キャンペーンの盛り上げや営業に役立ったかを知りたいわけです。評価がわからなければ商品の改善につながりませんし、次のステップにも進めないじゃないですか。でも、間にいくつもの代理店が入っていると、そうした評価が伝わってこないわけです。

内田　そもそも二次、三次の代理店は「なんで、ここに介在しているの？」と思うことがある存在ですね。手数料もしっかり取るし。

西川　それで、売上は落ちても複数の代理店が入らない仕事を増やしていく方向性を打ち出しました。ぼくらもクライアントに営業をかけるといった努力をしましたし、リーマンショック後は二次、三次の代理店が入る仕事も少なくなった。現在では、ほぼ100パーセント、直接取引になっています。

「社長チップス」が誕生するまで

内田　お菓子のノベルティを作る事業でスタートしたわけですが、現在はノベルティではない商品も制作していますよね。

西川　代表的な製品にプロ野球球団の福岡ソフトバンクホークスさん公認のお菓子がありあます。ファンにとっては応援とは別にチームのレプリカユニフォームなど球団グッズを買うことも楽しみのひとつになっていますが、その中の球団のロゴや選手の写真やイラスト入りのお菓子はプロデュースから制作まで当社がすべて担当させていただいています。また、芸能プロダクションなどとのコラボで多くのアーティスト、タレントのキャラクターお菓子も作っていますし、おやつの定期宅配〝ＯＹＡＴＯＯＬ〟であるとか、ビジネスギフトであるとか、新たな販売方法も開拓しています。

内田　そうして積み重ねてきた実績のベースがあって、「社長チップス」というおもしろ商品が生まれた。でも、その発想はどんなところから出てきたんですか。

西川　ぼくは学生時代、野球に打ち込んでいましたし、スポーツが大好きですから、大手メーカーが出した「プロ野球チップス」にはとても魅力を感じていたんです。その思いに加えて今はＳＮＳで個人が発信し、自己主張できる時代ですよね。スターでもなんでもない一般人のカードが入ったお菓子があってもおかしくはないし、かえっておもしろいんじゃないかと思ったんです。ただ、最初に作ったのは「社長チップス」ではなく「イケメンチップス」でした。

内田　なんでまたイケメン!?（笑）

西川　ぼくら、オフィスにボックスに入ったお菓子を定期的に配達するサービスをやっていて、そのお菓子を楽しみにしてくれているのはおもにＯＬさんなんです。で、ボックスを開けたとき、イケメンの写真がパッケージになったお菓子が出てきたら、喜んでもらえるんじゃないか、と（笑）。その後、お客さんの反応を知りたくて「オフィスにイケメンは必要ですか？」というアンケートを行ったところ、ネットで話題になって会社の知名度は上がりましたし、社長チップスの発売にも繋がったんですけどね。

内田　「社長チップス」はパッケージもシャレが効いていますね。社長さんたちの写真の横に「汗と涙のCEO（塩）味」というコピー。そこには〝今のニッポンは社長たちの努力によって築かれた〟というメッセージが込められている。この辺も社長受けすると思います。実際、登場した社長の反応はどうだったんですか。

西川　みなさん喜んでいただけているようです。社員の方が得意先に社長の写真が出ている「社長チップス」を持っていくわけですよ。当然、社長の話で盛り上がりますし、「おもしろいことをやる元気な会社」というイメージを与えられるわけです。また、地元紙などに取材を受けることも多くなる。会社の知名度がアップし社内の活性化が図れた、新卒の応募が増えたといった声もよく聞きます。

内田　会社の業績アップに繋がったといった話は？

西川　第一弾を発売してから1年ほどしか経っておらず、正確なデータが取れていないので何とも言えないのですが、話を聞いた感触ではプラス効果はあるようです。

内田　社長チップスはこれからも作り続けるわけですよね。出たい社長もいると思うんですが、どうすればいいのですか。

西川　現在のシステムでは56万円でご参加いただけます。これは社長の写真を撮影し、プロフィールつきの社長カードを作り、社長の会社専用のウェブページを制作したうえで、社長チップス210袋を納品させていただくまでの総額（税抜）です。

内田　この金額で社長にも会社にもさまざまなプラス効果が見込めるのなら、決して高くないと思います。

製菓業界活性化のために「日本おやつ協会」を設立

内田　ところで西川さんは自社のビジネスに力を注ぐだけでなく、お菓子業界の活性化を図る活動もしていると聞いたんですが。

西川　「日本おやつ協会」のことですね。2012年の12月に一般社団法人として設立しました。掲げている協会の目的は「おやつ文化の価値向上を目指し、普及啓蒙活動を行い、おやつ愛好者を増やし、お菓子を通じた地域活性化等に寄与する」ですが、もっと噛み砕いて説明します。これまでお話してきたように、ぼくらはお菓子のノベルティで事業をスタートさせました。パッケージには精通していましたが、お菓子のほうは素人で、中小の製菓メーカーさんにOEMで製造をお願いしてきたわけです。現在300社近い提携工場があるんですが、そのお付き合いのなかで知ったのが中小製菓メーカーの厳しい状況でした。コンビニやスーパーに並んでいるお菓子は大手メーカーの商品だけ。中小メーカーは地元の限られた市場で商売をするしかなく、売上は落ちていく傾向にあります。この状態では設備投資をする余裕も、新たな商品を開発する気力もなく、未来が描けないから若い人材も入ってこない。

内田　そんなに厳しい状況とは。

西川　ぼくらはこの業界に入ってまだ13年の新参者ですが、お菓子に付加価値をつけてお客様に喜んでもらえる商品を作ってきた自負があります。商品を引き立たせるアイデアを出す力や新たな販売チャネルを開拓するノウハウもある。メディアで取り上げられたり、ウェブ媒体を活用してアピールするツボも心得ている。製菓技術をもつ中小メーカーさんとプロデュース力に自信をもつぼくらが手を組むことで、今の悪い流れを良い方向に変えることはできるのではないか、と。ぼくらの事業の成功は中小製菓メーカーさんの協力なしには考えられませんでした。その製菓業界のために力になりたいというのが日本おやつ協会設立の動機です。まだ会員数は少ないのですが、会員になった製菓メーカーさんは協会の目的や活動を評価してくれているので、今後、その輪は拡がっていくはずです。

内田　西川さんの製菓業界に対する熱い思いはわかりましたが、協会を紹介するパンフレットを見るとポップだし、活動内容もアイドルを起用したイベント開催や、おやつソングの制作発表、ＰＶ撮影と、ずいぶん軽いノリですよね。

西川　それがウチの持ち味ですから(笑)。でも、協会会員のメリットを考えた取り組みもあるんですよ。たとえば品質事故を起こしたときの補償制度。中小のメーカーも品質管理には配慮しているんですが、設備や人員の関係で、どうしても異物混入などの事故が起きてしまう。今はネットで情報があっという間に拡散されますから、そんなことがあるとメーカーは悪評で大きなダメージを受けるわけです。これまでも品質事故に対応する保険はあったのですが、適用されるのは食中毒などの健康被害があったケースだけでした。それで、ぼくらはＡＩＵ保険と交渉して、異物混入でも補償される保険を実現したんです。協会の会費は月５千円で、保険料もここに含まれます。

内田　その負担で品質事故の不安が軽減されるなら、メーカーもうれしいですよね。西川さんの話を聞いていると商品開発や販売手法の開拓、そして業界団体の設立と、常に新しいことにチャレンジし業界をリードしている感がありますが、今後どのような事業展開を考えておられるんですか。

西川　今までどおり、自由な発想でお菓子に新たな価値を生み出していくことを続けます。それとぼくの個人的な夢としては会社がある千駄ヶ谷を「おやつの街」にすることがあります。ここには日本おやつ協会がありますし、東京の地産地消をコンセプトにした自社ブランドスイーツを製造販売する「えすぷらい堂」も開設しました。〝素材から東京産〟という話題性でスイーツ好きを呼び寄せ、われわれの地元である千駄ヶ谷に活気を生み出せたらいいな、と思っています。

内田　おやつの街をつくるなんて、驚くしかない夢ですが、これまでも突拍子もない発想で数々の事業を成功させてきた西川さんなら実現させてしまうかもしれないですね。注目しています。

6
FILE

すごい! POINT

1. 家業のダンボール屋に限界を感じ畑違いのお菓子ノベルティに挑戦
2. ノベルティに止まらず、キャラクター菓子、社長チップスなどでヒット連発
3. おやつ文化の普及と製菓業界活性化のため「日本おやつ協会」を設立

UCHIDA'S EYE

会社設立の準備段階から、事業を成功させるために不眠不休で商品カタログを制作し経営を軌道に乗せた。冷静な売り込み戦略と苦労を厭わないハートを併せもつ。その後も柔軟な発想を武器に次々と魅力ある商品を開発。話題も集め続けている。その成功に驕ることなく、中小メーカーを対象とした製菓業界活性化の活動を始めたのは立派です。

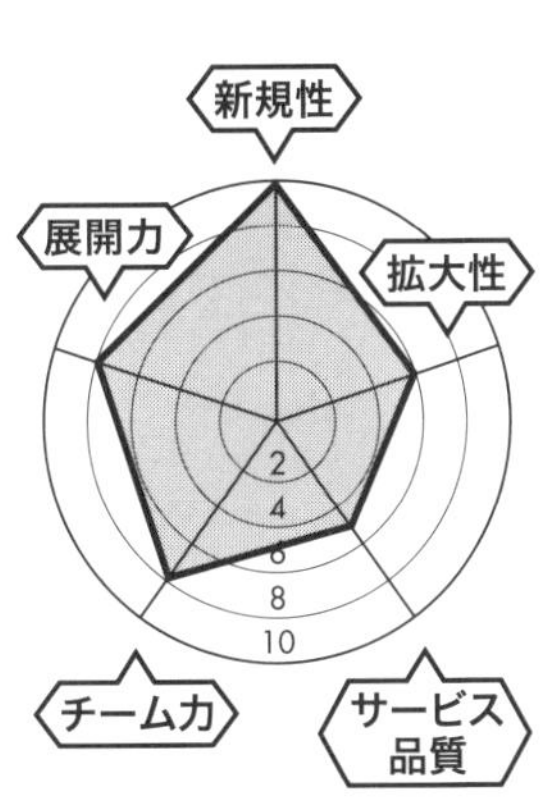

7 FILE

PROFILE

株式会社Skin's Language

Skin's language Corporation

代表取締役社長
原田 浩太郎
はらだ こうたろう

事業内容：**ファッション・コンサルティング**
設　立：**2013年11月8日**
資本金：**500万円**
従業員数：**2人**

原田浩太郎：1987年青森県生まれ。専門学校でスタイリストの基礎を学んだ後、さまざまな職業を経て2014年に起業。前例のないファッション・コンサルティングの事業を軌道に乗せた。

所在地：〒150-0001 東京都渋谷区神宮前 1-15-14
ジャルダン・ド・ルセーヌ 3F
TEL：03-6757-0962／FAX：03-5539-4796
E-Mail：harada.d4c@skinslanguage.co.jp
ブログ・HP：**http://skins-language.com**

日本で一番、男性をカッコよくする会社

行っている事業は「ファッション・コンサルティング」。顧客はおもに企業経営者。スタイリストである社長の原田氏がビジネスでのスーツ姿からカジュアルウェアまで、すべての着こなしを指導する。一般人をカッコよくするという、これまでになかったビジネスを成り立たせた発想力の原点と成功までの軌跡を聞いた。

一度は挫折したスタイリストへの道

内田 こういう会社を始めたのは、もともとファッションに興味があったんですか？

原田 はい。十代の頃からスタイリストになるのが夢で、青森の高校卒業後、ファッション関係の専門学校に入りました。

内田 そのルートで経験を積んできたわけですね。

原田 実は全然。スタイリストの道は一度、挫折しているんです。専門学校在学中にある男性ファッション誌の関係者と知り合いまして、「学校なんか行っても意味がな

い、現場で経験を積んだほうがよっぽどいい」と言われたんです。それでその方の紹介で、あるスタイリストのアシスタントになったんですが、とにかく仕事がハード。休みは一切なく、働きづめなのにもかかわらずギャラはゼロ。スタイリストの指示で動くわけですが、その言葉にも人間として扱われていない感じがありました。

内田　今でいうブラック企業をはるかに超える酷さですね（笑）。

原田　それでも、これは修業なんだと思って耐えていたんです。でも、待遇だけでなく、仕事の内容にも疑問をもちました。スタイリストのセンスを提示することよりも、服を売ることを優先。これはぼくが目指しているスタイリングではないと思いました。

内田　若くしてスタイリスト業界の裏側を知ってしまったという。

原田　それに無給でしたから貯金も尽きてきて、生きていくために収入を得なければならない。そんな事情もあって、アシスタントを辞めることにしたんです。

内田　辞めた後は、どんな仕事を？

原田　タクシードライバーやネットビジネスなど、10以上の仕事を経験しました。タクシーの仕事では入った会社のナンバーワンの成績を残したんですよ。

内田　タクシードライバーって、みんな同じようにクルマを運転しているわけじゃないですか。どこで売上の差が出るのか、不思議なんですけど。

原田　重要なのは場所と人の動きを分析することです。わかりやすい例を挙げれば、飲み屋街。昼間に行っても、お客さんなんかいませんよね。それと同じで地域や街にはそれぞれ特徴があって、場所に応じた人の動きがある。その傾向をつかんだうえでクルマを走らせることができるかどうかで売上に差が出るんです。一種のマーケティングですね。

内田　確かに。もともと経営者としての資質があったのかもしれないですね。

原田　ネットビジネスでも、それなりの収入を得ることができました。海外の商品を安く仕入れてネットを介して売るという仕事をしたのですが、始めて1年後には年収にして1000万円を超えましたし、2年後には2000万円以上になりました。その実績が評価されて、ネットビジネス起業塾の講師を務めたほどです。

内田　それは何歳の頃？

原田　26歳です。

内田　その若さで、それほどの成功を収めたんですね。

一生の仕事にするなら、やはり好きなファッションの分野

原田　ただ、この頃、自分自身に対して疑問が生じたんです。収入が増えるのはうれしかったですし、物を売る喜びも感じていましたが、それに満足していていいのか、と。ファッションが好きで、スタイリストになりたくて東京に出てきたわけです。一生の仕事にするなら、やはりファッションの分野ではないのか、と自問自答し、思い切って今の会社を立ち上げることにしました。

内田　スキンズ・ランゲージの事業を言葉で表すとしたら何になるんでしょう。端的にいえば、お客さん個々の服の着こなしのアドバイスをするということですよね。「パーソナル・ファッション・アドバイザー」ってところですか。

原田　それでもいいとは思いますが、私としては「ファッション・コンサルティング」がいちばんしっくりきます。

内田　その聞き慣れない事業を立ち上げた動機は？

原田　スタイリスト志望だったせいか、会う方はもちろん目に入る人たちの服の着こなしを観察する習性があるんです。で、多くのビジネスマンを見て常に思っていたの

は、ファッションに無頓着な人が多いな、ということでした。

内田　はっきり言えば〝ダサいやつばっかりだ〟ってことでしょ？（笑）。

原田　その人なりに着こなしには気を遣っていると思うんですよ。でも、ぼくから見ると合格点の人は少ない。若いサラリーマンは服装にかけられる金額は限られているから仕方ありませんが、経営者とか大企業の役員クラスでも、今ひとつあか抜けない方が多いですよね。

内田　結構高いスーツ、着ているはずなんですけどね。

原田　そういう方に会うと、いつも「惜しいなあ」と思っていたんです。自分がアドバイスすれば、もっとカッコよく見えるようになるのにな、とも。ただ、その頃のぼくがアドバイスなんかしたら失礼じゃないですか。

内田　「あなたはダサい」って言っているようなもんですからね（笑）。

原田　でも、ファッション・コンサルティングを事業とする会社の代表でスタイリストという立場なら、アドバイスをすることができるわけです。

内田　ただ、客観的に見た場合、ビジネスとして成立するのか、とは思いますよね。スタイリストが付くのは、モデルであるとか、テレビに出る芸能人であるとか、見られてなんぼの人たちでしょ。カッコよく、あるいは感じよく見られることが価値になるわけで、そのためのスタイリスト代は必要経費になる。しかし、原田さんが対象とするお客様は一般人。一般人がお金を払ってスタイリストからファッションのアドバイスを受けるだろうか、と思うわけですよ。そもそもファッション・コンサルティングというビジネスは存在したんですか。

原田　ぼくが始めるまではなかったと思います。

内田　なかったということは、ビジネスにならなかったということですよね。

原田　もちろんぼくにも、ビジネスとして成立するのかという不安はありました。が、その一方で、ニーズはあると確信していました。欧米では芸能人だけでなく、政治家や企業経営者な

どにもスタイリストが付き、ＴＰＯに合わせてスーツの着こなしを変えるのが当たり前になりつつあります。見た目が与えるイメージの重要性が認識されている。グローバル化が進む今、日本もそういう時代が来るはずだ、と。

内田　会社が成功しているんだから実際、ニーズはあったわけです。日本に前例のなかった事業を立ち上げ、ゼロからビジネスモデルをつくり、短期間で経営を軌道に乗せてしまったんだから、すごいですね。事業の立ち上げから、どのような経過を経て現在まで来たのか、聞かせていただけますか。

原田　男性ファッションのベースになるのはスーツですから、まずはオーダースーツを受注できる環境をつくるところから着手しました。生地屋さんや縫製屋さんなども良さそうなところを探しては訪ね、取引をしてくれるようお願いしたわけです。素人が行って相手にしてくれるだろうか、という不安はありましたが、どこも親切で、採寸など、オーダースーツ屋としての基本的な知識も教えてくださいました。

内田　事業の立ち上げは順調にいったわけですね。ここからがいちばん聞きたいポイントなんですが、営業活動、つまりお客様をどう獲得したんですか。

原田　実はお客様獲得のために何かをしたという意識はないんです。強いて言葉にすれば口コミかな。ラッキーなことに応援してくださる方がたくさんいたんです。ネットビジネスをやっていた頃から、コツコツと人脈づくりをしていて、当社を設立するときには、多くの企業経営者と親しくさせていただいていました。そうした方々に新事業を立ち上げる話をしたところ、「原田君が得意のファッション分野でおもしろそうなことを始めるらしい」という話が広まりまして、「ためしにスーツを作ってみようか」という方が続々と現れたんです。

内田　そういう話を聞くと、人脈づくりがいかに大事かがわかりますね。

原田　事業のスタート自体、そうした幸運に恵まれましたが、そこからさらに好循環が始まりました。

そのキーマンとなったのが、Mさんという三十代の経営者の方です。Mさんは会社の業績も順調、人間的にも魅力があって顔の広い方なんです。ただ、御多分にもれずファッションには無頓着でした。それでスーツはもちろん、シャツやネクタイ、靴、腕時計などの装飾品や髪型に至るまでコーディネイトのアドバイスをさせていただいたんです。

コンサルティングを受けて「人生が変わった」と感激された

内田 原田さんのアドバイスなら見た目は一変したでしょう。

原田 社員の方からは見違えたと言われ、「自信満々な感じでいい」と高評価だったそうです。また、その後、会社の業績がアップしたとも言われました。Mさんは自ら営業に出向くことも多いのですが、以前は名刺交換だけで終わっていたことがほとんどだったのに、スーツの着こなしが変わってからは相手先とコミュニケーションが取れるようになり、取引が成立することが多くなったそうなんです。取引が始まった会社から新たな取引先を紹介されるケースもあって、売上は3倍になったと聞きました。

内田 ファッションに気を遣うことは実益にもつながると。人は見た目じゃないというけど、見た目は大事なんですね。

原田 「人は見た目が100パーセント」というドラマがありますが、この言葉はぼくの昔からの持論でもあるんです。とくに初対面では相手の方も見た目で判断するしかありません。身だしなみがしっかりしているか、清潔感があるか、といった点で好感をもつかどうかで対応が決まる。オシャレになるということは、その辺も当然クリアしますから好印象に繋がるわけです。もちろん、なかには外見だけの人もいますが、それは相手が判断することであって、少なくとも初対面は相手に好印象をもってもらうことは絶対的に有利なんです。

内田　確かにそれはいえますよね。私も見た目が今ひとつの人物は、人に紹介する気になれないですもの。

原田　Mさんには、もうひとつ大きな変化がありました。女性にモテるようになったそうなんです。「昔は告白しても振られてばかりだったんだけど、原田くんにスタイリングをお願いしてからすぐに彼女ができたよ」と喜んでおられました。

内田　モテるようになったのは、たぶんオシャレになったというだけではないですよね。周囲から注目されるようになり、会社の業績も上がった。すべてが良い方向に回転し出したことで得た自信から、男としての魅力、輝きのようなものを発散するようになったんじゃないかな。

原田　そう思います。Mさんは「原田くんによって人生が変わった」とさえおっしゃっています。Mさんは顔の広い方ですから、そのことを若手経営者の集まりなどでも話されるそうなんです。その経営者の中から「自分もファッション・コンサルティングを受けてみようかな」という方が現れ、その口コミでお客様が増えていく好循環が始まりました。

内田　ここまで話を聞いてきて、原田さんからファッションのコンサルティングを受けるメリットは充分わかりました。ただ、現在、原田さんが行っているコンサルティングは会員制で、年会費が１００万円、２００万円、３００万円の３つのコースがあるというシステムですよね。着こなしのアドバイスにこれだけの金額を出す人はいるのだろうか、と思ってしまうんですけど。

原田　各コースの価格以上の価値があるオーダースーツを1着お作りしますし、カジュアルウェアを含めたコーディネイトや高級腕時計購入の割引などさまざまなサービスが含まれていますから、決して高額とは思いません。実際、会員は増え続け、現在70人を超えています。

内田　それだけの満足感を原田さんはお客様に与えているということなんでしょうね。ところでファッション・コンサルティングはどのように行われるんですか。

原田　まず、お客様からファッションの好みや、どのような見た目になりたいのかをヒアリングします。ただ、それはあくまで参考であり、スタイリングはぼくの感覚を大事にします。スタイリストには実は相手の意向に従う人が多い。嫌われたくないからです。でも、それでは原田という人間がスタイリングする意味はありませんし、以前との変化はあまりないわけじゃないですか。もちろんなかには、「この色は派手すぎてオレには無理」などと言われる方もいます。その場合は、少し地味めなものにする配慮はしますが、少しずつ階段を上るようにして、ぼくのスタイリングにしていきます。そのほうが絶対カッコよくなる確信があるからです。ウチが目指しているのは「日本でいちばん男性をカッコよくするスタイリストの会社」です。

スタイリストの感性を磨くための投資

内田　それができるのは、原田さんのもって生まれたセンスというか感性に負うものが多いと思うんですけど、ファッションって常に変化していくものだし、新しさが求められるじゃないですか。その辺の自分磨きも必要なわけでしょ。

原田　もちろん日々、勉強や情報収集は欠かしていません。イタリアで行われるピッティ・ウォモにも毎回、足を運んでいます。

内田　ピッティ・ウォモって？

原田　男性ファッションの本場はイタリアなんですよ。ピッティ・ウォモは1月と6月の年2回、フィレンツェで行われる展示会で、世界各国から千以上のブランドが最新のアイテムをここで発表するんです。90回以上の歴史があって、グッチやフェラガモなどの一流ブランドの多くが、この展示会から出ています。

内田　世界一の男性ファッションの展示会ということですね。原田さんとしては、見ておかなければならないイベントですね。

原田　もちろん見ることも大事ですが、ぼくがこの展示会で重視しているのは、むしろ人脈づくりと情報交換です。この展示会には世界中からバイヤーとファッション好きが集まってきます。ほとんどの来場者がオシャレでダンディ。会場内は着こなしセンスのアピールの場でもあるんです。ぼくも負けないように目一杯のオシャレをして行くわけですが、気になる着こなしをしている人がいれば会話を交わすことも多い。ここで生まれる人脈は財産になりますし聞ける情報も貴重。とにかく、この場にいることは大きな刺激になり、スタイリングにも役立つんです。

内田　スタイリストとしての感性を磨くには、そうした投資も必要だということですね。原田さんは、これまで日本では存在しなかった事業を独自のビジネスモデルで成功させたわけですが、今後は会社をどう成長させていこうと考えているんですか。

原田　実は会社の経営規模を大きくしていく気はないんです。現在、ウチにはぼくともうひとりの2人のスタイリストがコンサルティングを行っていますが、仮に会社を大きくするとすれば、スタイリストを増やすことになりますよね。でも、ぼくらのようなスタイリングができる人材を見つけるのは難しいですし、養成できるものでもない。ということは会社を大きくできないわけですよ。現状の2人で対応できる会員数はマックスで約100人。これぐらいお客様がいれば会社は充分続けていけますし、この仕事をしていること、お客様に喜んでいただいていることだけで幸せを感じているので。会社を成長させることより、こんなふうになったらいいな、という夢はあります。ぼくが始めたファッション・コンサルティングがビジネスとして広く認知され、後に続く人が現れる。それによって一般人でもスタイリストのアドバイスを受けることが特別なことでなくなり、ビジネスマンの多くがスーツをカッコよく着こなすようになる。日本にもそんな時代が来てほしいと思っているんです。

内田　男をカッコよくするということに原田さんがいかに燃えているかがわかるコメントですね。そういう時代をつくるトップランナーとしてのご活躍、期待しています。

7
FILE

すごい! POINT

1. 青森から飛び出しタクシー運転手でNo.1の成績を収めた
2. ファッション・コンサルティング事業を創造し、2年半で年商2億円を突破
3. 「日本でいちばん男性をカッコよくする会社」のスローガンを裏切ることなく、顧客を男前にし、信頼を得ている

日本に存在しなかった「ファッション・コンサルティング」事業に挑戦し、成功に導いた。「人は見かけが100%」と言い切り、実際にカッコよくなることのメリットを、自らの腕で証明することで顧客の信頼を勝ち取っている点も評価できる。世の中の男性だけでなく、女性をもワクワクさせる会社だ。今の日本に絶対必要と感じた。

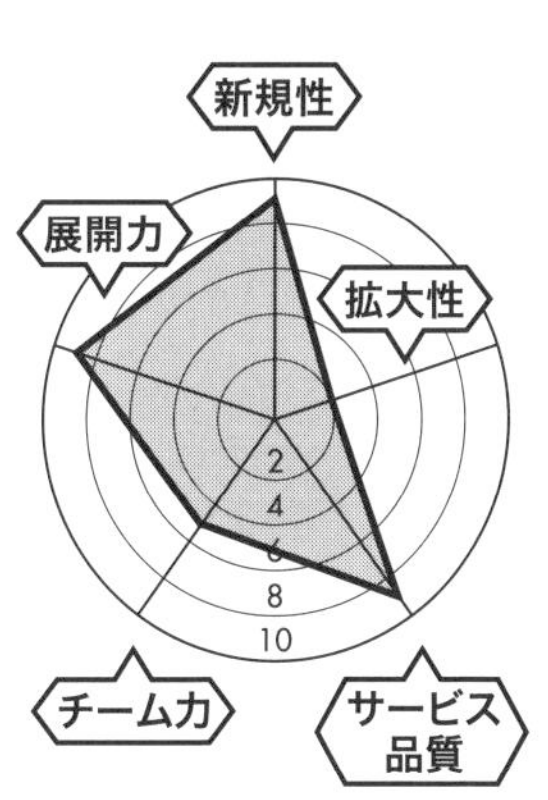

8

FILE

PROFILE

株式会社 リスティングプラス

Listing Plus Corporation

代表取締役社長

長橋 真吾

ながはし しんご

事業内容：**リスティング広告情報提供、代行・コンサルティング業務など**
設　立：**2011年7月**
資本金：**1000万円**
従業員数：**50人**

長橋真吾：セミナー講演やアカウント運用、ランディングページ制作などの事業をすべて一から立ち上げてきた。Googleアドワーズ、Yahoo!プロモーション広告の認定プロフェッショナル。

所在地：〒160-0023 東京都新宿区西新宿 6-24-1
西新宿三井ビルディング4階
TEL：03-6825-6831 ／ FAX：03-6825-6832
E-Mail：info@ppc-master.jp
HP：**https://ppc-master.jp/**

広告運用スキルで他社を圧倒、営業・宣伝に頼らず事業を拡大

近年特に重視される集客・売上拡大策のひとつが「ダイレクト・レスポンス・マーケティング」。顧客・見込み客個人に、直接、企業への問合せなどのアクションを促す手法だ。株式会社リスティングプラスはその手法を独自に洗練、中小企業が気軽に利用して効果を実感できるインターネットのリスティング広告運用で着実な成長を続けている。

大企業の歯車であるより自分が決定権をもつ仕事を指向

内田 株式会社リスティングプラスは今年創業7年目を迎えるそうですが、社長はお若いですね。最初はどこかにお勤めだったんですか？

長橋 今年33歳になります。もともとは光通信という営業中心の大手企業に勤めてい

たんですが、そこでの私は上司に従って動く歯車のひとつでしかありませんでした。それが嫌になって、自分ひとりで最初から最後まで仕事を完結できるようになりたいと思ったとき、自分ひとりでやるならインターネットだな、とピンときました。その会社は早々に辞めて独立に向かって動いたんです。

内田 現在の事業はインターネットのリスティング広告が主軸ですよね。でも営業主体の会社にいて、インターネット関連事業にそんなに馴染みはなかったのでは？

長橋 そのとおりです。インターネット関連のベンチャー企業を探し、ある電子書籍販売会社にアルバイトの形で勤めることにしました。電子書籍は広告を通して拡販しますから、インターネットでの広告運用が大事な仕事です。社員は他に2名という会社でしたが、そこで広告運用を担当したことが、今の事業を始めるきっかけです。

運用型広告のスキルをもつコンサルタントとして独立

内田 その会社での広告運用はうまくいきましたか？

長橋 いいえ、すぐにうまくはいきませんでしたね。その当時は、やっとインターネットの「運用型広告」が話題にのぼり始めたくらいの時期で、それに関連する情報をネットで調べたり、関連セミナーに参加したりして勉強しながら仕事をしていました。

内田　運用型広告っていうのはどういうものですか？

長橋　その代表的なものがリスティング広告です。グーグルやヤフーで検索すると検索結果が一覧表示されますが、その上部にいくつかの検索ワードに関連する広告が表示されますよね。それがリスティング広告と呼ばれるもので、そのスペースに広告を表示させる権利を広告出稿企業、あるいは当社のような代理店がリアルタイムに入札して、競争で取り合う仕組みになっています。

従来の広告は、媒体のこの部分の枠はいくらと提示された金額を支払う「枠買い」ですが、リスティング広告は広告を見た人の反応を見て、入札額や露出回数、広告文言などを広告主側が常時変更していけるところが大きく違います。広告効果の良し悪しが数字で表れ、それを見ながら広告の出し方や表現を常に変えていくことによって、お客様が満足できる成果を出していくのが運用型広告のポイントです。

ただし成果を上げるには媒体の仕組みをよく知り、お客様の業界・業種の状況も知り、さらに広告を見る顧客や見込み客などの行動への洞察力も要ります。そうした知識やノウハウを総合的に組み合わせて、より効果的なリスティング広告を作りだすのが広告運用スキルです。運用型広告ではそうしたスキルが問われますね。

内田　そのノウハウやスキルはすぐに自分のものにできましたか？

長橋　それができなくて苦心しました。当時は運用型広告の本格的な波はまだ来ていなくて、関連セミナーの講師の方も言うことがそれぞれバラバラでしたし、グーグルなど媒体側の仕様も明確ではありませんでした。

何が正しいのかの答えがない世界で正解に近いものを模索しているうち、あるセミナーで出会った広告コンサルタントの方にコンサルティングをお願いしてみたら、驚いたことに「実は今、パートナーを探している。一緒にやってみないか」とお誘いを受けたんです。

そこで渡りに舟とばかりに一緒に仕事をすることになり、そのうち正社員としてその人の会社に入社することになりました。そこで仕事をするうち、当時運用型広告コンサルティングの大御所と呼ばれるような人と知り合う機会も得て、いろいろ教えていただくなかで、運用型広告の成果がだんだん出るようになりました。

内田　それで自信がついたので独立されたと。

長橋　その会社ではマッサージなどの治療院に特化したお客様を対象にサポートしていたんですが、その手法は他の業種の中小企業にも通用すると思ったんです。もっと多くの中小企業に運用型広告を使っていただこうと考え、27歳のときに一人コンサルタントの会社として株式会社リスティングプラスを設立し、独立しました。

ネット広告とセミナーで集客して高い成約率

内田　独立すると自分でお客様を開拓しないといけないですが、どうやってお客様を見つけるんですか？

長橋　そもそもネットで集客することを教える立場ですから、そこは自分のスキルを生かし、自前で広告費を捻出して広告運用をしました。最初は月に2件くらいの問い合わせに答えるのが精一杯でしたが、そのうちに通販会社などと広告運用に関するセミナーをジョイントで開催するようになりました。それをきっかけにお客様が増え、従業員を増やしていくようになりました。

内田 確かに、自分が集客できないようではコンサルタントはできませんね。

長橋 そのとおりです。同業他社は集客をテレアポ、つまり電話でお客様に営業をかけて行うアウトバウンド型の営業が多いのですが、当社は一切やりません。すべてネットの広告からのインバウンド型で集客しています。

内田 そうはいっても、お客様の側から見ると形のないものの購入ですし、先に契約ですし、リスキーな面もありますよね。

長橋 確かにそこの説明が肝腎です。従来型の広告コピーを作成するのにも先にたとえば200万円とかの出費が発生するわけですが、私どものリスティング広告の場合は毎月10万円、最低半年の契約になるので60万円は予算が必要です。それを用意していただくためには、セミナーでどのように広告成果を出すのかを説明して、経営者の方に納得してもらうのが有効なんです。

セミナーは最初は3ヵ月に1回くらいの開催でしたが、100社ほどを集客して、その5から10パーセントくらいが成約に結びついていました。

内田　セミナーの内容はおもにどんなものですか？

長橋　たとえば広告文の作り方、検索キーワードの選び方、変動するデータの数字をどう捉えて運用するかなど、広告に無駄なお金を使わないで成果を上げる方法を説明しています。また媒体の広告仕様は月単位で大きく変わるので、最新の事例をバンバン紹介しています。これを続けた結果、最新事情に詳しいコンサルタントと評価していただけるようになったと思います。

内田　いわば外回りの営業マンのような仕事はしないのに、広告とセミナーだけで充分に集客できて、相当の比率で成約、顧客化しているということですね。

長橋　最初の5年はネット集客に特化していたので、当時の社員15名のうち12名が広告運用コンサルタントとして仕事をしていて、営業マンはゼロでした。

中小企業のリスティング広告に特化したノウハウが武器

内田　リスティング広告の領域では競合する会社も多いでしょう？　営業スタイルの違い以外に、他社との違いは何だと思いますか？

長橋　中小企業のリスティング広告に特化してきたところと、その広告運用スキルです。大手企業の場合は認知度が高いので、単純に広く露出させれば良いという場合がありますが、中小企業ではむやみに露出を増やすとただ予算が無駄になるだけという場合があります。

リスティング広告の値段は、ユーザーの検索の都度の入札になるので、時間単位・分単位で価格変動します。週単位の移動平均などの分析から、費用対効果が最も良くなるようにタイミングを見計らって、露出を増やしたり減らしたり、キーワードを変えたり、広告文を変えたりといった工夫を重ねていきます。

中小企業の場合は大手企業のように広いユーザー層をカバーするような広告ではなく、たとえば化粧品の広告なら、「アンチエイジング」のための商品というよりは「ほうれい線」を見えなくする商品というように、ニッチな部分に特化した広告の打ち出し方をしたほうが、費用対効果が高くなるんです。まずは隙間を狙って拡販し、徐々に厚い層を狙ってステップアップする戦略をとることが多い。そんなスキルを社内のコンサルタントみんながもっているところが大きな違いです。

同業他社に比べ半分のコストで成果を出すスキル

内田　株式やＦＸのトレーディングのような分析スキルと、顧客行動を予測するスキルの両方があるということですね。でも、そんなスキルを身につけるのは大変でしょう？

長橋　私自身は自社広告運用やセミナー集客、そしてお引き合いをいただいたさまざまな業界のお客様の広告運用を通してスキルアップしてきました。それをほかの社員に伝えたり、社員同士が研鑽したりする場として社内研修を重視しています。独立コンサルタントと同等レベルの知識と経験が社員一人ひとりに求められますから、一人前になるまでに1年、ちゃんと成果が上げられるようになるまで2年はかかり、その後も日々努力が必要です。研修費として1人年間１２０万円以上をかけていますが、そのくらいかけないとついていけないのがこの世界。現在コンサルタントとして22人いますから、２５００万円から４０００万円ほどを研修に使っていることになります。

社内での研修以外にも、外部の企業やコンサルタントを呼んで月2回のマスターマインド研修という、最新事例の発表を中心にした集まりも行っています。そこで発表される事例から、媒体仕様の変更点、新しい機能の実装状況などがわかることがあります。そうした機会も利用して、日々ノウハウ獲得とスキルアップに励んでいます。
コンサルティング能力の目安のひとつとして、グーグルアドワーズとヤフープロモーション広告の認定プロフェッショナル試験がありますが、当社のコンサルタントにはその合格と毎年の更新を課しています。また2014年には国内に100社ほどしか認定されていないヤフー正規代理店スター保有企業に認定されましたし、2012年から3期連続でグーグルの代理店運用コンテストでゴールドアワード（最優秀賞）を受賞、2016年にはグーグルプレミアムパートナーに認定されました。
内田　それほどのスキル研修を重ねると、どんな違いが出てくるのですか？
長橋　広告運用のスキルは、広告への投資効果に大きな違いを生みます。他社が1万円で出せる効果を当社なら5000円で出せるくらいの差が出ます。

離職社員も独立パートナー支援制度でサポート

内田　しかし社員のスキルが高くなると、自分で仕事ができるから離職者も出てくるんじゃないですか？

長橋　もちろん辞めて独立する人もいますが、２年連続で離職者ゼロだったこともあり、それほど多くはありません。セミナー開催などの活動や情報収集・共有などは組織で行ったほうがはるかに効率的ですし、すでにある看板で集客できる強みがあります。また一部のお客様の契約切れがあっても収入を安定させられるのも組織のメリットです。現在では、それでも独立したい人のために、独立パートナー支援制度をつくり、むしろ独立をサポートするようにしています。独立後にも協働できる関係を構築して、一緒に成長できるようにするのが狙いです。

　実はリスティング広告はあまり小規模な依頼だと、当社のやり方ではかえって高くつく場合もあるんです。当社はそれをお客様にちゃんと説明し、予算内で納得いく成果が出せる代理店や独立コンサルタントを紹介することもしています。

内田　なるほど。社員の方は会社にいることでスキルを磨くことができ、独立しても関係を失わずに双方のメリットになるように仕事ができるというわけですね。でも、社内にはコンサル以外の社員もいるでしょう。そうした人たちも含めたモチベーションアップのために、何かしていることはありますか？

長橋　３年前に「リスプラメダル」という表彰制度を作りました。社内では全員が社内SNSで情報交換していますが、毎日「誰々が○○をしてくれた」「私は○○のために△△をした」という申告がきます。1日に10件以上申告があり、私がそれを承認すると点数がついて、毎日の朝会で誰かにメダルを授与して表彰します。半期に一度、メダル数がいちばん多い人に賞金や賞品つきで表彰する制度です。たとえば「忙しいときにお昼の弁当を買ってきてくれた」などの行動はビジネスでは評価対象外になりますが、それでも会社のためになる行動なら表彰するわけです。

「三方よし」精神で中小企業の幸せを実現

内田　お客様の広告投資効果を高める努力と、社員のモチベーションを高める工夫をいろいろされていますね。それは長橋さんの経営理念に基づくものなのでしょうね。

長橋　私は「顧客ウィン、社員ウィン、社会ウィン」のウィンキューブと言っていますが、いわゆる「三方よし」精神を経営理念として掲げています。関係者がすべて幸せになるように仕事するという意味ですね。お客様を勝たせるのはもちろんですが、社員もそれによって競争に勝ち、ひいては社会に貢献できる会社でありたい。

ですから、独立する社員のサポートもしますし、引き受けきれない案件を同形態の代理店やコンサルタントに紹介するなど、良い関係をつくろうと努力しています。

内田　ライバルになる人も含めてみんながトクする会社にすると。ずいぶん大人の考え方ですね。

長橋　最初はそうでもなかったんです。実は創業1年半くらいの時点で社員の造反に遭い、7名の社員のうち4人を解雇したことがありました。会社存続の危機を迎えたわけですが、そこで先輩経営者の方から、経営理念を確固とさせないと人が定着しないとアドバイスをいただき、「何のためのビジネスか」「会社の存在価値は何か」「何を提供するのか」を考えつめました。

根本は自分と身近な人が豊かに生活できるようにしたい。その気持ちを社会に敷衍するとどうなのかと考えたとき、他者を蹴落とすようなビジネスではないなと。自分たちだけが勝つのではなく、業界が成長できるようなビジネスにしないといけないと考えるようになりました。

内田　結局、誰に何を提供する会社だと思いますか？

長橋　中小企業の経営者の幸せの実現です。中小企業の経営者は不安なんです。その不安の解消に、ネット広告はとても役にたちます。一度スキームがはまるとあとは24

時間365日休まずに稼働して、何もしなくてもいつの間にか引き合いメールが入るようになる。これは不安解消の一助になりますし、経営の安定にもつながります。

内田　そんな経営が評価されて、事業は伸びているようですね。

長橋　一時の危機もありましたが、この7年間ずっと増収増益を続けています。テレビや雑誌の広告からネット広告にシフトしてきていて、この先5年は業界全体で120%の成長が見込まれています。その波に乗りながら、中小企業に特化した広告運用でトップクラスの実績をつくってきました。

リスティング広告は当社の売上の8割を占めており、これを続けながら、細分化と専門化が進むウェブ広告の世界で、たとえばターゲットをより絞り込めるDSP広告や、サイトのコンテンツに溶け込むようなネイティブアドなどの新しいサービスメニューの開発にも積極的に挑戦していきたいと思っています。

内田　今後も業界発展のために頑張ってください。どうもありがとうございました。

8
FILE

すごい！POINT

1. 中小企業に特化したリスティング広告に注力
2. テレアポなしでインバウンド受注を主軸に
3. 積極的なセミナー展開で顧客を育成
4. ノウハウ蓄積とスキルアップに惜しみなく投資
5. 最新情報を自社内および外部と積極的に共有
6. 「三方よし」精神で業界の成長を加速

UCHIDA'S EYE

一見穏やかなのに経営の話になると圧倒的な迫力。勝てる分野に経営資源を集中、リスティング広告でNo.1を目指す戦略に感服。社員研修に大きな予算をとり、社員の成長＝お客様満足度向上＝会社の業績向上という方程式を有言実行。リスプラメダルで社員の自尊心をくすぐる手法にも納得。営業マンゼロで業績を上げるビジネスモデルをこの若さで確立した手腕はあっぱれ！

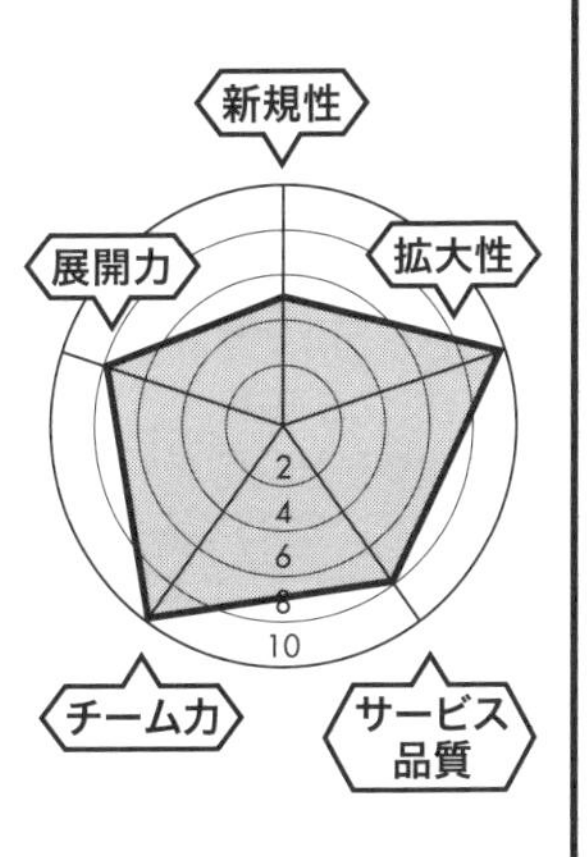

9
FILE

PROFILE

株式会社 水戸大家さん

MITO OOYASAN, Inc.

代表取締役社長
峯島 忠昭
みねしま ただあき

事業内容：**不動産売買仲介、管理業務**
設　立：**2009年**
資本金：**10万円**
従業員数：**50人**

峯島忠昭：20歳で不動産投資家を志し、住宅販売会社やメーカーに勤務しながら不動産投資の実践的ノウハウを蓄える。メールマガジンをはじめとする情報提供などで年間13億円を売り上げる。

所在地：〒106-0032 東京都港区六本木 6-1-26
六本木天城ビル 9 階
TEL：03-6434-0339 ／ FAX：03-6369-3678
E-Mail：info@mito-ooyasan.com
HP：**http://mitoooyasan.net/**

サラリーマン投資家経験から実践的な不動産投資情報で顧客をつかむ

「日本一の金持ちをつくる不動産会社」を標榜する不動産会社の社長は営業をしない。メールマガジン、無料電子本、書籍、無料面談、無料電話相談で不動産投資に必要な考え方と事例、最新情報を提供するのがおもな仕事。顧客を育成し、社員も成長させる、自身の経験に根ざしたユニーク極まるビジネスモデルがそこにある。

『金持ち父さん貧乏父さん』を読んで投資家を決意

内田　ここは六本木のど真ん中。喫茶アマンドのあるビル最上階のオフィスは人を招くのに絶好ですね。社長はお若いのに、このオフィスで仕入れのない不動産仲介業で年間13億円を売り上げる会社を育てられました。その経緯からお聞かせください。

峯島　僕は茨城の生まれで、高校を出てすぐ、東京で居酒屋のアルバイトから仕事を始めたんです。住み込みできる仕事を探して新聞配達もやりましたね。でも先が見えないのでいったん茨城に帰り、スポーツが好きだったのでスポーツジムで働きました。でも、ジムに来る年配の方に言われるんですよ。「こんなところで働いてちゃダメだ」と。月収十数万円のアルバイトの将来を心配してくれたんでしょうね。実際、ちゃんと生計を立てるには正社員になるか、自分でジムを起こすかしかなかった。そんなとき『金持ち父さん貧乏父さん』（ロバート・キヨサキ著・2000年11月刊）という当時のベストセラー本に出会ったんです。20歳のときです。この本から就職はスキルを得るためにするもの、スキルを得たらそれを生かし、誰かの下で働く人生を変えていくべきだと学びました。それで投資家になりたい、それも不動産投資がしたいと思い立ちました。

内田　20歳で決断されたんですね。でも、資金はあったんですか？

峯島　もちろんお金はありません。まず安定収入とスキルを得るため、地元の住宅販売会社に就職したんです。ところがそこは営業力が弱かった。どうやって集客しどう売るかを自分で学びました。本や関連ブログをたくさん読み、特に集客のための広告作りはずいぶんうまくなりました。それに営業のコツもつかみました。

そこで学んだコツとは、お客様は商品がいいから買うのではなく、安心して取引できる人から買うということです。たとえばお客様に、住宅展示場で他社からアンケートを求められても記入するなと言うんですね。その内容をもとに営業マンが来ますよ、そしてこういうアプローチがありますよと、販売のウラ話のような情報を伝えると、お客様は信頼してくれる。連絡先を教えてもらったら、後で直筆で手紙を書き、お役立ち情報に個人的な情報も含めて何度も出すんです。すると親近感をもってもらえて、どうせ買うなら僕から買いたいと思ってもらえるんです。物件の話もさることながら、取引の本当の姿を伝え、僕たちが安心して取引できる業者だと認めてもらうと売れるわけです。

コツをつかむと売れるようになり、忙しくなりましたね。仕事は毎日夜の12時まで、休日はなし。夜中にクタクタになって家に帰り、コンビニで買ったビールの栓を開けたら、1口も飲まないうちに寝込んでしまったこともありました。

工場に勤務しながら最初の物件を購入

内田　そんな忙しさのなかで基本的な不動産営業のスキルを身につけたんですね。その生活で投資資金は貯まりましたか？

峯島　いえ、その会社では忙しすぎて投資を学ぶ余裕がなくなったので、2年で退社し、定時で帰れる工場に入社しました。残業なしで土日や休日は休めるところならどこでもよかった。そこに勤めながらお金を貯め、実際に投資をしてみることにしたんです。お金はできるだけ使わず、食事は全部百円均一ショップのものばかり。今考えると体には悪いですが節約を重ねました。

やっと600万円くらいの貯金ができたのが2005年で25歳のとき。そこで初めて不動産に投資しました。水戸市のオフィス街近くのワンルームマンションで、自分で住んでも10年で投資回収できる計算で、420万円で購入したんです。でもそのすぐ後、結婚して、自宅用のマンションを別に買うことになり、見込みが外れました。

お金がなくなって、工場勤務の傍ら、夜は漫画喫茶でアルバイトもしました。ここは料理を自分でつくれるところだったので、余った食材でチャーハンをつくって食べて節約しました。

内田　何が何でも不動産投資家になろうと必死で生活していたわけですね。

高利回りの収益物件を次々に購入、独立へ

峯島　そうやってまたお金を貯めて一軒家を買ったんです。築50年、シロアリがいて雨漏りもするようなボロボロの物件でしたが、それでもすぐ人に貸すことができ、月10万円の家賃収入が入るようになりました。利回りは実質20パーセントでした。これならやっていけると思いました。

　その次は金融機関に融資をお願いしてアパートを購入しました。僕はそのときアルバイト料を含めて年収３００万円程度ですよ。常識的に考えると、とても融資してくれるはずがない。でも信用金庫など中小零細企業でも相手にしてくれるような金融機関と信頼関係をつくる努力を一所懸命しました。最後は人物で評価してくれたのだと思います。アパートの利回りは22パーセントでした。

　それから店舗に使える物件を数件、さらに親族からの借金もしながら２０００万円でテナントビルも買いました。ソシアルビルといって、お水系の店が入るビルで、こちらは利回り70パーセントという物件。これは儲かりましたね。自分でこうした投資をしていったことで、不動産の買い方が勉強できました。

内田　なるほど。高利回りの物件で収益に繋げたわけですね。でも、そこにはリスクもあったんじゃないですか？

峯島　なかにはヤクザ絡みの物件もありますからね。業者も、必ずしも誠実な仕事をしてくれるわけじゃない。実際、僕も怪しい業者に騙されたことがあります。しかしリスクが高いほど利回りがいいのも事実。リスクを許容して収益を上げるか、リスクの低い物件でそこそこの利益を得るかは考え方次第です。

　ともあれその頃の僕は、すごくキャッシュフローが良くなりました。借入金の金利と毎月の家賃の差（利回り）が儲けになります。それで生活が安定し、27歳の頃からブログで情報発信を始める余裕もできました。２００９年にはメ

ルマガも始めました。メルマガの広告をクリックするとお金が入るアフィリエイト広告収入も入るようになったので、月々50万円が入って、その半分が出て行き、半分が手元に残るようになりました。さらに少額から始められる株式投資でも利益が出たため、それも不動産投資資金に組み入れて、店舗用の物件などの、お金を生み出す収益物件にどんどん投資していきました。

工場の給料は安かったんですが、今思えば安くてよかった。もし高ければ、その状態で満足してしまったかもしれません。満足せずに、もっと稼ごうと思って、工場を辞めて独立することにしました。

内田 全く資金がないところから始められ、サラリーマンをやりながら不動産投資に成功されたお話を聞くと、世の中の普通のサラリーマンは勇気づけられますよ。

投資家の視点でアドバイスできるスペシャリストが必要

内田 独立時には、最初から不動産業をやろうと思っていたんですか?

峯島 いえ、会社にはしましたが、最初は定款に不動産業は入れてなかったんです。その頃にはメルマガだけで年に1000万円くらいの収入がありました。独立して自社ビルをもち、その最上階の事務所に朝出勤してメルマガを書くなどちょこちょこと仕事をして、あとはプータローみたいな生活をしてたんです。でもそんな生活は1年で飽きましたね。

でもその1年は大事でした。起業には落ち着いて考えられる環境が重要なのかもしれません。僕は不動産投資の何が問題なのかを考えました。取引で業者に騙されるのはなぜか、投資で失敗するケースはなぜなのかと。それを説明してくれる不動産業者はその当時なかったんです。

多くの不動産業者は集客をして良いことばかり説明してくれるんですが、実際には、たとえば新築ワンルームマンションを投資目的で買うと毎月赤字になることが多い。上場している不動産会社の物件でもそうなんです。運用計画がずさんなのかもしれませんが、なかには最初から騙すつもりで売る業者もある。そんな業者はダメです。成約したお客様が儲かるように考えてくれる不動産会社が必要なんです。

収益物件を買って儲ける不動産投資の仕方を説明できるスペシャリストがいないのなら、僕がそうなろうと思いました。もともと投資家だった人がやっている不動産屋はほとんどありません。投資家の視点から投資判断ができて、適切にアドバイスできる業者があるべきだと考えたわけです。

無料での情報提供が何よりの集客手法

内田　他の不動産業者との違いは何ですか？

峯島　「お客様を儲けさせる」ことを最大の理念に掲げているところです。そのためにはお客様に、不動産取引の良いところも悪いところも含めて、本当の情報をお伝えすることが肝腎です。

内田　具体的にはどんな施策をされているんですか？

峯島　僕は自分を情報屋だと思っています。情報を道具に集客するのが僕の役割。社内には営業マンが現在10人います。彼らのところにお客様を連れてくるところがポイントですね。成約できるように話をすればいい。お客様を連れてくるといっても、僕から働きかけるわけじゃなく、向こうから来てくれるようにするんです。そのためにいろいろな施策をしています。

ひとつはメルマガやブログによる情報発信です。不動産投資家向けのメルマガを毎日発行し、不動産取引のノウハウや最新情報、物件情報などをお届けしています。

「まぐまぐ」というメルマガ配信サービスを利用して十数万部、自社配信を合わせると約30万アドレスに配信しています。「まぐまぐ」では全部の取り扱いメルマガの中で常に部数ランキング上位になっていますし、実際これほど読者の多い不動産投資関連メルマガはほかにありません。これを発行し続ける目的は、広告収入を得ることではなく、一般の方の不動産投資への入り口となることです。

その無料メルマガを購読する人には、無料で「不動産投資大百科」と題したノウハウ本を提供しています。実際にはPDFのダウンロード提供ですが、ページ数は554ページ。不動産投資を指南するという情報商材が他社からいくつも出ていますが、たいていはネット販売で数十ページのものを5万円以上で売っています。その内容は、自分が体験した不動産投資の成功ストーリーで一般性がないことも多いんです。そんな商材よりもはるかに詳しく、多くのお客様の投資の成功／失敗の事例を踏まえて、実践的な不動産投資について書いたのが「大百科」です。これで不動産投資のほとんどのことがわかり、不動産投資で失敗する人が必ず減ります。現在はさらに「悪徳不動産屋ファイル」「不動産投資解説動画」も無料でプレゼントしています。業者に騙されないための知識がこれで理解できると思っています。

ほかにも、動画サイトのユーチューブで「不動産投資チャンネル〈水戸大家さん〉」を開設しており、頻繁に新しい動画を上げています。投資の仕方の解説や、営業の実態、お客様との対談などをおもに僕自身が話しています。

内田 テレビや雑誌、書籍なども活用されておられますよね。

峯島 テレビ番組のスポンサーになって1年間ほど広告をしましたし、番組出演もあり、多くの雑誌にも取り上げていただきました。でも実質的にいちばん事業に反響があったのは書籍ですね。不動産投資に関する著書をすでに数冊上梓していて、その読者からの反応が、特に創業当初には大きな経営の助けになりました。やはり詳しい情報がまとまっているほうが役に立つようです。現在も新しい本を執筆中です。

無料面談や電話相談をしても営業と直結させない

内田 テレビ広告などはもちろんですが、無料でのサービス提供も、御社のコストをかけて実施しているわけですよね。それを売上にどう繋げるんですか。

峯島 一般的な不動産業者では常に新規のお客様を見つけて追いかける営業手法をとります。でも僕の場合は追いかけないで、役に立つ情報を積極的に提供することでお客様を育成していくんです。いわゆるツーステップマーケティングの手法ですね。多数の見込み客をつかんで、その方々のステップアップをさまざまなツールを通して手助けする。手間ヒマかかりますが、豊富で正確な情報で自分の判断能力を養った方は、セールストークばかりで購入を迫る業者よりも、僕たちのほうを選んでくれます。

内田 投資の実際を詳しく学んでもらうことが、何よりの営業となるわけですね。

峯島 そのとおりです。とはいえ本などを読んでいるだけでは投資はうまくなりません。実践して初めて学べることが多いんです。間違った方向に進んでしまうといけませんから、僕はできるだけメルマガ読者と面談したいと思っています。1日にお二人くらいが限度ですが、無料で対面相談をやっています。この4年で8800人の方と面談しました。また、電話相談も無料（フリーダイアル）で受け付けているので、遠方の方も気軽に相談していただけます。人と話すことは、僕にとっては貴重な取材の機会。メルマガのコンテンツにもなるので、自分自身にとっても大事なんです。

お客様も社員も学ぶ、共に成長できる会社を目指す

内田 先ほど、ビジネス理念は「お客様に儲けてもらうこと」とおっしゃいましたが、

すべてのお客様に対して徹底するのは難しいことのように思いますが、どうでしょう。

峯島　もちろん僕ひとりの手ではできません。僕ができないところはスタッフが対応できるよう、最近は従業員教育にも力を入れています。お客様との面談を減らしてでも必ず1日1時間、スタッフと面談するようにしています。今は50名のスタッフがいますから、3ヵ月に一度はみんな僕と話せます。そんな機会を設けることで現場の状況が詳しく把握できますし、スタッフのやりたいこともわかります。できるだけやりたいことを任せたい。トライアンドエラーがいちばん学べますからね。

またこれも当社独特ですが、営業マンより営業アシスタントの数が多いんです。営業マンは10人ですが、商談やセミナーなどの周辺の仕事は全部アシスタントが引き受ける。するとみんなが仕事を覚えるんです。そしてやがては自分も営業マンとして収入アップを目指そうと思ってくれる。営業は歩合制なので、これまでトップの人は28歳で年収1億7000万円までいきました。そういう成功者がそばにいると、ほかの人もやる気が出るんですね。成長へのモチベーションは、頑張れば稼げることを身近に実感してもらうことがいちばんです。

また、ちょっと珍しいですが、社員に毎時10分間の休憩を義務付けているんです。

その間昼寝しても何してもいい。そうすると業務効率が実は上がるんですよ。

内田　なるほど。でも個人の能力も重要な仕事だけに人材管理は難しいのでは？

峯島　おっしゃるとおりで、実は六本木に事務所を構えてすぐに社員全員が離職してしまう事態が起こりましたし、トップ営業マンがアシスタントを丸ごと引き連れて独立したこともありました。どちらも大きな痛手でしたが、今思えばどちらも会社の大きな転機になり、業績を上げていく転換ポイントになりました。

その反省から今のような組織モデルにして、社員コミュニケーションと教育に力を入れた結果、一時の赤字から大幅な黒字にV字回復し、その後は順調に成長してきました。僕が旗振り役に徹していれば、現在13億円の年商をいずれ１００億円にまで上げられると思っています。成約額でいえば現在累計１０００億円超ですが、遠からず３０００億円になるでしょう。しかも無借金で資本金はわずか10万円のままで。

現在は大阪に支社もありますが、全国規模の情報ネットワークから最新情報を収集しており、それを全国各地どこへでも出かけてセミナーなどの形でお伝えしています。

内田　社長の前向きさに本当に感嘆します。本日はありがとうございました。

9
FILE

すごい! POINT

1. お客様の儲けを目指す収益物件の売買仲介
2. 無料メルマガ、無料冊子でのマーケティング
3. お客様の育成と、信頼関係の醸成に注力
4. 無料の面談・電話相談で個別事情にも対応
5. 営業活動のコアに集中できるチーム体制
6. 全国規模の情報ネットワークで情報を集約

UCHIDA'S EYE

まさに何もないところから、苦労の連続で成功した典型的な社長。トライアンドエラーでどんどんノウハウと経験を蓄積。試練大好きという、スーパーポジティブシンキング。社員50名で粗利10億円（不動産売買の仲介手数料）は驚異的。お金を使う場所と節約する場所の使い分けも天下一品。お客様の生の声を集めたマーケティング。話を聞けば聞くほど、天才心理学者。

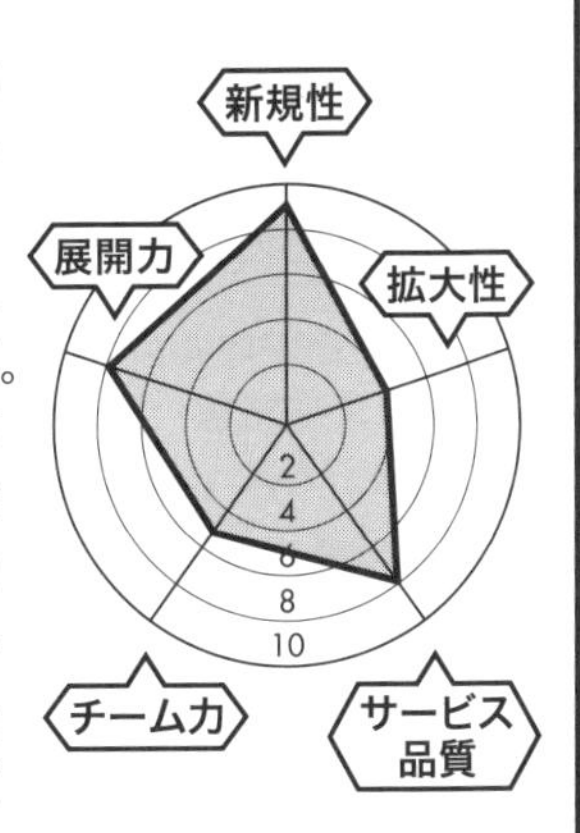

10
FILE

PROFILE

保険営業マン 大川悠人（仮名）

Yuto Ohkawa

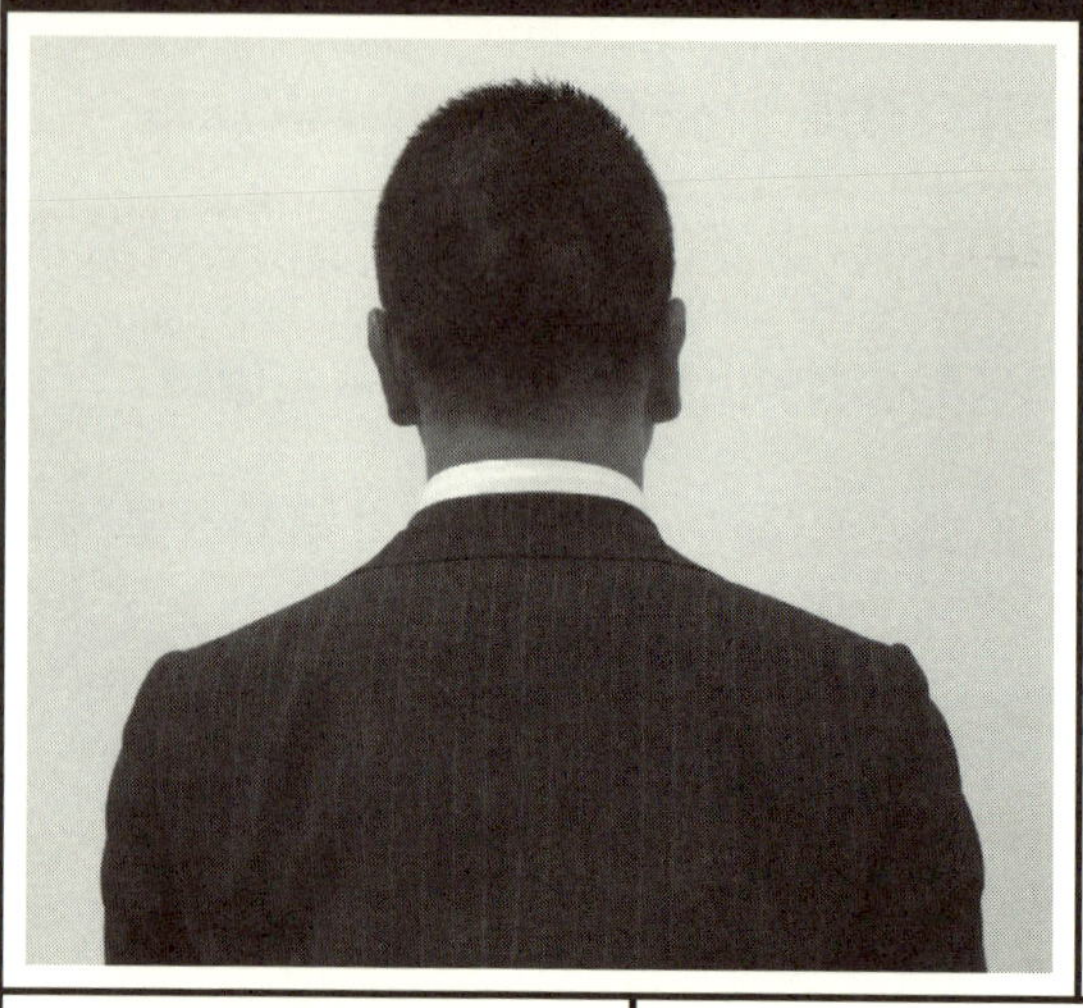

保険営業マン
大川悠人
おおかわ ゆうと

事業内容：**生命保険営業（個人事業主）**
起　業：**2007年4月**
年　収：**2億円超**
従業員数：**2人**

大川悠人：1980年大阪府生まれ。2002年に高校教師になったが、5年後の2007年、外資系生命保険会社の営業マンに転職。画期的な営業手法でトップセールスを続けている。年収は2億円超。

大川氏の希望により顔出しNGとさせていただきます。
よって所在地なども掲載できません。悪しからずご了承ください。

「保険営業マンを憧れの職業にしたい」——この思いが営業の原動力

「年収が2億円を超える生命保険の営業マンがいる」——そんな噂を聞いて内田が興味をもち、話を聞いたのが大川悠人氏（仮名）である。どのようにすれば驚異的ともいえる営業成績を残せるのか。大川氏が語った営業手法、仕事への思いやモチベーションの高め方にはビジネスを成功に導くヒントが詰まっていた。

高校教師から保険営業マンへの転身

内田　まず、生命保険の営業マンになったいきさつから、お聞きしたいのですが。

大川　ウチは教師一家なんです。祖父母も両親も教師で「学校の先生になるのが当たり前」という環境で育ちました。それで私も関西の大学で教職の免許を取り、東京の高校に赴任したんです。でも、1週間で教師を続けていく自信を失ってしまって。

内田　それはまた、どうして？

大川　その高校は年配の先生が多かったんですよ。そこへ大学を卒業したばかりの私が来た。生徒から見れば、兄貴のような存在で話をしやすかったんでしょう。いろいろな相談をもちかけてきたんです。進路のことはもちろん、当時起きていた社会問題について「先生はどう思いますか」とか。人生について聞かれたこともありました。

内田　多くの生徒が話を聞きにくるというのは人気がある証拠じゃないですか。

大川　とはいえ戸惑いのほうが大きかったです。私は大学まで部活でサッカーをやっていて、社会経験は乏しいうえ人生のことを深く考えたこともありませんでした。それでも生徒が相談にくれば立場上、もっともらしいことを言わなければなりません。でも、生徒からすればそれを重い言葉として受け止める可能性があるわけですよね。ひょっとするとそのひと言が進路や人生に影響を与えるかもしれません。それを考えたとき、自分はなんて薄っぺらな人間だと思ったんです。

内田　でも、すぐに教師を辞めたわけではないんでしょう？

大川　一応、5年間続けました。その間は常に社会経験を積んで人間的に成長しなければならないと思っていました。でも、学校という狭い世界にいるとそれもなかなかできない。そんなとき出会ったのが、今私が働いている外資系の生命保険会社の営業マンでした。教師になって1年ぐらい経った頃で、私はまだ生命保険に入っていませんでしたから。契約でその方とお会いしたところ、自分が思い描いていた理想の人物を見つけた気がしたんです。保険の営業として多くの人に会い、さまざまな人生に接していますから、人間的な厚みがある。保険の契約についても私の立場に立って考えてくれましたし、質問にもひとつひとつ的確に答えを出してくださいました。

内田　生徒に対する教師として「こうありたい」と思える人物像に巡り合ったんですね。

大川　それに何より、ビシッと着こなしたスーツ姿がカッコ良かった。ジャージしか着たことがないような生活を送ってきましたから、「こんな姿で仕事をバリバリこなしている人がいるんや」と憧れました。もちろん保険には入りましたし、その方とも連絡を取り合うようになり、次第に同じ仕事をしたいと思うようになった。それで27歳のとき、教師を辞め、転職したんです。

内田　でも、保険の営業マンの収入は契約を取っていくら、という歩合制ですよね。教師一家という安定第一のＤＮＡを受け継いだ大川さんとしては、その転職は相当な覚悟が必要だったんじゃないですか。

大川　実は保険の営業の仕事を何年かして、教師に復帰しようという考えがあったんです。社会経験が積めますから、より良い教師になれるだろうと。

内田　やっぱり教師一家出身だ（笑）。

大川　でも、入社してすぐに、その考えは吹っ飛びました。研修で会社の理念やお客様サービスの考え方に触れたところ、お世辞抜きで素晴らしい仕事だと思ったんです。営業マンとして世の中にこの会社の保険を広めていきたいと純粋に思いました。

平均睡眠時間は2時間の猛烈な営業活動

内田　新人営業マンとして、まずどんなことに力を注いだんですか。

大川　とにかく多くの方にお会いすることです。ひとりにお会いしたら、その方からお知り合いを紹介していただいて、紹介、紹介の流れをつくりアポイント先を増やしていきました。保険の営業って最初は契約が取れるものなんです。自分の家族や親戚、学校の同級生とかが義理で入ってくれますからね。でも、私は関西から東京に出てきているわけですから、そういう人脈は頼れません。大学の同級生や先輩・後輩で関東の会社に就職した人間はいましたが、数は限られていますし、自分の力でアポイントを取れる方を開拓していかなければならなかった。でも、今考えると、それがラッキーでした。厳しい環境で頑張って人脈をつくる術を身につけることができましたから。

内田　具体的には、どのくらいの数の紹介を？

大川　1年目に契約をしていただいたお客様は約200人。ひとりにつき20人から30人をご紹介いただきましたから、年間でトータルすると5000人くらいになりました。

内田　ひとりが20~30人も紹介してくれるものなんですか。

大川　誠意を尽くしてお願いしました。また、テクニックがありましてね。「○○さんはお顔が広いから、500人以上の人脈おもちでしょう」と言ったうえで、「20人くらいなら私も伺えるので、ご紹介いただけないでしょうか」と続けると、9割がたは名前を挙げていただけます。

内田　なるほど、最初に大きな数字を言って相手の心をくすぐっておいて、少ない人数をお願いするのか。それなら20人も控え目に感じますよね。それにしても1年間で5000人の紹介を受けるのはすごい。

大川　会社からは、そのくらいの紹介を受けなさいと指導されるんです。今考えれば、会社も、そこまではできないと思っていたはずですし、やれる営業マンもいませんよ。私は愚直に指導されたことを実行しただけなんです。

内田　年間５０００人を月にすると約４００人。1ヵ月間で４００人にアポイントを取るわけですよね。このうち実際に会えて、契約に至る確率はどのくらいなんですか。

大川　連絡を取って会える方は３割、１２０人くらいで、そのうち契約していただけるのは約3分の1。30人から40人といったところですね。

内田　紹介してもらった人のうち、契約に至るのは1割か。そもそも、ひと月に４００人にアポを取り、１２０人と会うこと自体、大変だと思う。

大川　営業マンになった当初はそれが当たり前と思っていました。昼夜問わず営業をしていましたし。無理を聞いてくれるサッカー部時代の同級生や後輩には深夜の３時とか４時にファミレスで会って商談していました。

内田　睡眠はどうしたんですか。

大川　その頃はクルマで移動することが多かったので、空いた時間を見つけて30分眠ったりとか。トータルすると1日平均２時間くらい。深夜の４時から朝６時くらいまで商談して、そのまま出社ということもよくありました。

内田　それじゃ1日の始まりと終わりがわからなくなりますよね。

大川　アドレナリンが出まくっていたせいか、1日の区切りとかは関係なくエンドレスで仕事をしていました。無理を聞いてくれる同級生が尽きてきたときは、深夜に会える方を必死に探していたほどです。そうしたらサッカー部仲間が、いいヒントを与えてくれましてね。深夜に営業している水商売の人はどうか、と。酒場の店長さんやクラブのホステスさんなどです。それで営業をかけてみたら大成功。そういう人たちはお店が終わった後の深夜とか早朝に時間ができるのですが、その時間帯に来る営業マンはまずいません。私にとっては当たり前の行動ですが、その方たちからすれば無理を押して来てくれるようで感謝されるんです。「宝の山」を見つけたと思いました（笑）。

内田　それほど働いたら、収入はすごかったでしょう？

大川　ウチの会社は2年目までは固定給＋アルファで、月給の上限が決まっているんです。年収にすると1200万円ぐらいでした。でも、2年目までに契約で得た報酬はプールされていて、完全歩合制になる3年目に還元される。それがたまっていたので3年目の4月には1億5000万円くらいが振り込まれました。

並みの営業マンに差をつける行動と発想

内田　現在はそれ以上の年収を得ているわけですよね。そうした猛烈な働き方を続けているんですか。

大川　今はさすがに健康のことも考えるようになり、夜はちゃんと寝ていますし、1日の区切りもつけています（笑）。年収が増えたのは個人のお客様だけでなく、法人の契約も取れるようになったからです。年間の保険料が3億7000万円という契約を獲得したことがあります。営業報酬は約2割ですから、それだけで7000万円くらいになるわけです。ただ、営業マンが得られる報酬は契約成立時だけ。たとえ前年に高額の報酬を得ても、次の年1件も契約を取れなければ報酬はゼロになってしまう。そういう危機感は常にもっています。

内田　しかし大川さんは2億円を超える年収を維持しています。それは並みの営業マンにはできないことであって仕事への臨み方などで明確な違いがあると思うのですが。

大川　まず早朝に出社することです。毎日5時に出社していたこともありました。

内田　5時って、まだ電車は動いていませんよね。

大川　そのため会社の隣に部屋を借りて住んでいました。隣なら歩いて1分もかかりませんから（笑）。

内田　早朝に出社することの意味は？

大川　保険の営業の仕事を100とすると、そのうちの95％は準備だと思っています。今日商談の予定が入っているお客様のことをチェックし、その事情に合った保険設計を作成する。件数にもよりますが、それだけで2～3時間かかるわけです。また、メールでアポイントを取っておくことも必要。で、それらの作業がひととおり済むのが9時で、すぐに商談に出向きます。ところが、他の営業マンの多くが9時に出社してくるんです。9時に会社に来ると電話やメールが入りますから、その対応に追われることになります。それで商談に出かけなければならない時間が来ると慌てて設計などの準備をすることになる。10分くらいでね。それではお客様に合った設計など作れませんし、思いも伝わりません。

内田　お客様の方もそんな営業マンのことは見抜きますよね。

大川　100のうちの残りの5は商談ですが、それにも全力投球で臨みます。ただし、気を付けているのは聞き役にまわることです。実は私も新人の頃は、お薦めする保険の良さを説明しなければという意識が先に立ち、しゃべり倒していました（笑）。でも、あるお客様から「君は全然、私の話を聞いてくれないね」と言われたんです。その言葉を聞いてハッとしました。商談で大事なのは保険の説明ではなく、お客様を知ることじゃないかと。

どんなご家族がいて、どのような人生観をもっておられるのか。日々の喜びや悩みも含め、その方のことを知らなければ、お客様にご満足いただける保険は提供できないわけです。それに気づいてからは、聞くことが最優先。しゃべるときもお客様の話を引き出すことを心がけています。

内田　どんなことを聞かれるんですか。

大川　「ご出身はどちらですか」とか「最近熱中されていることはありますか」といったことですね。お客様のタイプにもよりますが、奥様やご主人との馴れ初めをお聞きしたりすることもあります。これは私自身のお客様に対する興味から発するもので、自然に質問として出るようになっています。

「契約を取る」という結果を追い求めない姿勢

内田　そういう会話をしていると、お客さんも心を開いてくれるでしょう？

大川　心を開いていただければ本音も出ます。本音をお聞きできれば、お客様が私に求めていることもわかり、最適の保険をご提供できる。それともうひとつ、時間はきっちりと区切るようにしています。たとえば商談のお約束が1時間だとしたら、そこで話を切り上げて帰るんです。

内田　話が盛り上がって、もう少しで契約が成立しそうなときでも？

大川　はい。そのスケジュールでお客様は動いておられますし、私もそう。次の商談が入っていることも多いですしね。1つの契約にこだわって、次のお客様をお待たせしたら失礼じゃないですか。お客様もそんな私を見て、時間を守る人物だと思っていただけますし、忙しい人だとも感じてくださる。いやらしく聞こえるかもしれませんが、それが私の価値を上げることにもなります。

内田　わかりました！　契約を取ろうとガツガツしていないわけですね。多くの営業マンはそういう感じが見え見えですもんね。保険の良さをやたらと説明したり、契約が取れそうになったら粘ったり。大川さんはその逆の姿勢で契約に繋げている。

大川　私はアフターフォローも大事だと思っています。さきほど言いましたように、営業マンの報酬は契約を取れたときだけ。保険を勧めるときは何度も来るけど、契約したら来なくなる営業マンが多いのはそのためです。でも、その担当者としての責任は続くわけで、つながりをもち、何かあったら連絡を取れる状態にしておくのも務めだと思うんです。もちろん必要以上の接点をもちたくないお客様には年賀状を出す程度にしていますが、それ以外の方には誕生のお祝いカードを贈ったり、メールで近況をお訊ねするといったフォローをしています。そういうお客様が増え続け、私ひとりでは対応しきれなくなったので、アシスタントを2人個人的に雇用しているほどです。

内田　我々は大川さんの収入額を聞いて単純に驚きますが、会社の隣に部屋を借りたり、アシスタントを雇ったりと、実績を支えるための投資もしっかりしているということなんですね。しかし、ここがいちばん聞きたいことなんですが、保険営業という仕事にそれほどまでの力を注ぎ込めるモチベーションはどこから来るんですか。

大川　内田さんがそうであるように、私は〝年収2億を稼ぐ保険営業マン〟とよくいわれます。高額の報酬を得てうれしくないわけはありませんし、その額は営業マンの勲章でもありますから、今後もこの年収は維持したいし、できれば増やしたいと思っています。ただ、実をいうと、お金に執着しているわけではありません。こんなことを言うと、エエかっこしいと思われるかもしれませんが、保険営業に全力で取り組んできたら、お金は後からついてきた、という感じなんです。私は保険の営業という仕事が好きですしやり甲斐も感じている。それがモチベーションだと思います。それともうひとつ、保険の営業って、あんまり良いイメージをもたれていないじゃないですか。それを覆したいという思いもあります。

内田 良いイメージがないというのは、どこから来るんでしょうか。

大川 保険の営業というと、おばさんが来るという印象がありますよね。あれは戦争未亡人の救済のために保険会社が女性を雇用したのが始まりなんです。それに救われた方もたくさんいたでしょうし、意義ある制度だったと思う。ただ、その一方で業界にある弊害を招いてしまいました。前にも言いましたように保険の営業って、始めたときがいちばん成績が良かったりするんです。親戚や知り合いから契約が取れますから。でも、それが尽きると契約を取るのが難しくなり、多くの人が辞めていく。保険会社は新しい人を採用し、その人脈で契約を取る、ということを繰り返してきました。

保険の内容やサービスで競争するというより、人脈を頼りにしてきたわけです。世間の人たちもそういう構造を感じるから、あまり良いイメージをもっていなかったんだと思う。

内田　確かに。

大川　生命保険は人の幸せを担保する大事な商品です。その人の事情を知り、最も合った保険を提供する営業マンは、本来、医師や弁護士などと同等のリスペクトされる存在でなければならないと思う。私がなりたいのはそういう存在。憧れられ、後に続きたいと思う人が現れるような保険営業マンです。

内田　というと、今後の展望は？

大川　当面は今までどおりの営業を続けますが、ひとりでは限界が来るので、いずれはマネジメントの仕事にシフトするつもりです。有能な営業マンを育て、成果を上げれば評価されるでしょう。日本経済新聞に「私の履歴書」という人気連載記事がありますが、そこにはまだ保険営業マンが取り上げられたことがありません。世間の評価を高めて、そこに掲載されるのが夢なんです。

内田　そのときは実名が載るわけですね（笑）。その日が来るのを期待しています。

10
FILE

すごい！ POINT

1. 高校教師を5年で退職し、生命保険の営業マンに。3年後年収2億円達成
2. 入社以来 12年連続で年収2億円
3. 新人時代は深夜・早朝の商談も厭わず、24時間エンドレスで営業活動
4. 仕事のためには投資も惜しまない

UCHIDA'S EYE

「年収2億円の営業マン」と聞いて、よほど口がうまいのか、押しが強いのか、どちらかだと思った。が、話を聞くと両方とも当てはまらず驚いた。保険を売ることよりも、目の前にいる人に全力で向き合い、そのニーズに徹底的に応えようとしている。それが常識を超えた猛烈とも思える行動につながっている。そうした積み重ねによって得た信頼が巨額の報酬を支えていると確信。

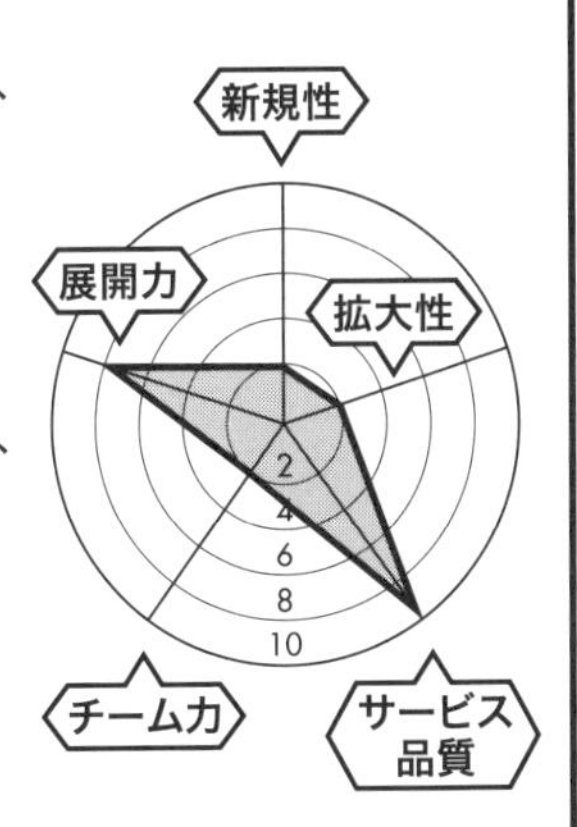

応募方法

◉本書に添付されている「応募ハガキ」に必要事項をご記入の上ご応募ください。お選びいただきました企業から抽選で皆様にプレゼントさせていただきます。
応募者多数の場合、抽選とさせていただきますのでご了承ください。

◉応募締め切り：2017年12月31日消印有効

◉プレゼント発送：2018年1月中に当該企業から発送させていただきます。当選者の発表は、商品の発送をもって替えさせていただきます。

6　株式会社ESSPRIDE　西川 世一
OYATOOL GIFT（コミュニケーション菓子詰め合わせ）
10,000円相当／1名様

7　株式会社Skin's Language　原田 浩太郎
オリジナルチーフ
2,000円相当／40名様

8　株式会社リスティングプラス　長橋 真吾
リスティング広告の初心者対象のセミナーDVD
9,800円（税込）／5名

9　株式会社水戸大家さん　峯島忠昭
峯島忠昭著『お金持ちの経営者や医師は既にやっている〝資産10億円〟をつくる不動産投資』（ごま書房新社）
1,674円（税込）／10名様

10　保険営業マン　大川悠人
大川悠人とランチができるクーポン
8,000円相当／10名様
※保険業界の方はご遠慮ください。場所は日本全国どこへでもお伺いいたします。

読者限定特典

総額50万円の商品が抽選で130名様に当たる!!

本書掲載企業10社の社長が心を込めて
ご用意させていただきます。

プレゼント内容

1　**福島電力株式会社　眞船 秀幸**

電気料金1ヵ月分無料クーポン　20,000円相当／3名様

2　**株式会社サンクレスト　植田 実**

〝クス〟っとするデザイン、「KUSUKUSU」の多機種対応スマホマルチカバー
3,564円(税込)／20名様

3　**株式会社 京ろまん　郡 史朗**

京ろまんグループ、「ファーストステージ」各店で使える振袖のレンタル割引クーポン
5,000円(税込)／10名様

4　**株式会社ビジョン　佐野 健一**

海外用Wi-Fi ルーターレンタルサービス「グローバルWiFi」の割引クーポン
※お一人様1回限り。通信料金からの割引となります。
3,000円相当／30名様

5　**株式会社ウィルゲート　吉岡 諒**

「サグーワークス」の初回発注分1記事無料クーポン
10,000円相当／1名様

内田雅章（うちだ まさあき）

1970年愛知県生まれ。早稲田大学商学部を卒業後、三和銀行（現・三菱東京UFJ銀行）入行。システム部、東京本部審査部等を経て、2000年に退行。その後、マンションデベロッパー、仕出し弁当販売、銀座のクラブ経営などを経て、日本ベンチャー協議会事務局長に就任。そこで培った社長ネットワークを活かし、2004年株式会社就職課を設立。現在は人脈を切り口とした新規事業創出および事業アライアンスのコンサルティング業務を軸に執筆・企業研修・全国での講演など幅広く活動中。2014年にはTOP CONNECT株式会社を設立し、トップダウン営業支援に特化した提案コネクトサービスを展開中。
主な著書：『図解「人脈力」の作り方』（講談社＋α文庫）、『すごい！人間関係力』(PHP研究所)、『政治屋失格』（ビジネス社）、『5つの仕事力』『伝説の就活』（以上ゴマブックス）などその他多数。

装幀●薄 良美
本文デザイン●大関直美
編集協力●川口とも子・増田七重
編集●相澤光一・土肥正弘・馬場先智明

すごい！ ビジネスモデル

2017年9月8日　初版第1刷発行

著　者：内田雅章

発行者：藤本敏雄
発行所：有限会社万来舎
〒102-0072　東京都千代田区飯田橋2-1-4
九段セントラルビル803
電話　03(5212)4455
Email　letters@banraisha.co.jp

印刷所：株式会社エーヴィスシステムズ

ISBN978-4-908493-15-7